何勇 著

文化产业
驱动中国经济

当代中国出版社
Contemporary China Publishing House

图书在版编目（CIP）数据

文化红利 / 何勇著 . -- 北京：当代中国出版社，2022.1
ISBN 978-7-5154-1137-8

Ⅰ . ①文… Ⅱ . ①何… Ⅲ . ①文化发展—研究—中国 Ⅳ . ① G12

中国版本图书馆 CIP 数据核字（2021）第 170845 号

出 版 人	冀祥德
责任编辑	陈　莎
策划支持	华夏智库·张　杰
责任校对	康　莹
出版统筹	周海霞
封面设计	回归线视觉传达
出版发行	当代中国出版社
地　　址	北京市地安门西大街旌勇里 8 号
网　　址	http://www.ddzg.net　邮箱：ddzgcbs@sina.com
邮政编码	100009
编 辑 部	（010）66572264　66572154　66572132　66572180
市 场 部	（010）66572281　66572161　66572157　83221785
印　　刷	三河市长城印刷有限公司
开　　本	710 毫米 ×1000 毫米　1/16
印　　张	14 印张　200 千字
版　　次	2022 年 1 月第 1 版
印　　次	2022 年 1 月第 1 次印刷
定　　价	58.00 元

版权所有，翻版必究；如有印装质量问题，请拨打（010）66572159 联系出版部调换。

推荐序一

这本书定名为《文化红利》,我认为很恰当。在很多人尚不认识文化能够带给人类更多红利、更多价值的情况下,推出《文化红利》这本书,有利于提升人们对文化的认知和促进我国经济社会更好地发展。

文化是人类社会相对于经济、政治而言的精神活动及其产物。

说文化是"民族的血脉""人民的精神家园",这意味着文化对一个民族的兴衰和传承就如同人体内流淌的血液一样重要。一个民族如果失去了对传统优秀文化的维护、传承和创新,或是任由私欲至上的腐朽文化泛滥和侵袭,那就好比一个人完全失去了血液或是患了血液病一样,必将导致灭亡。

中国共产党第十八次全国代表大会对推进中国特色社会主义事业作出了"五位一体"总体布局，把文化上升到同经济、政治、社会、生态文明并列的地位，使文化同经济、社会齐头并进，这不仅表明了中央对文化的高度重视，也说明了在经济社会高度发展的当下，我们在文化方面出现了问题，这是值得所有人高度关注的。

1998年，即中国改革开放的第20个年头，我曾作为全国政协常委在政协常委大会上针对社会乱象做了一个《实施道德建设工程，保证社会长治久安》的发言。这个发言实际上就是对传承和发展优秀文化的呼唤，指出"文化道德是支撑社会进步的脊梁"，"搞好文化道德建设应是治国之本"。

事实证明，只重视经济发展，而忽略文化建设和传承，不可能实现民族复兴和长期自立于世界民族之林。一个民族、一个国家的发展和进步，一定要高度重视文化的建设和发展，通过优秀文化的传承，把时代的灵魂、未来的光明、美好的希望送进人的心灵深处，让文化的先导力、引领力、和合力、平衡力、微调力渗透到方方面面，引领和鼓舞人们坚忍不拔、厚积薄发、奋发有为，并借以增强人们的"礼义廉耻"意识和"孝、爱、忠、和"的崇德理念，从而使我们的民族和人民更具梦想、如虎添翼，引发和提升更大的生产力和创造力。这就是本书提到的"文化红利"。

中华文明是世界上四大古老文明之一，是唯一得以完整传承而没有断代的文明。中国的文化记载从《河图洛书》《道德经》《山海经》到"四书五经""诸子百家"，从河洛文化到齐鲁文化、楚文化、三晋文化、三秦文化、燕赵文化都有着丰厚的积淀，其内涵博大精深。

孔子、孟子、墨子等诸子百家直至以孙中山、毛泽东为代表的思想家、理论家所倡导和发展的优秀中华文化都同传承几千年的"礼义廉耻""自强不息、厚德载物""敬天爱人""诚信""孝善"一脉相承。几千年来，中华民族虽然经历了几多屈辱、几多血泪，但始终像一艘巨舰，在激浪排空的大海中战胜汹涌波涛，一往无前地走到今天，这都与中华文化的精神力量分不开。

我们的很多优秀文化，包括红色文化所蕴含的思想观念、人文精神、道德规范，给了中国人无穷无尽的滋养，确立了中华民族勇于奋斗的人生观、价值观、世界观和自强不息的民族观、文化观、国家观、历史观，为中华民族自立于世界民族之林和近百年来从站起来、富起来到强起来的奋斗历程提供了强大的支撑力量。

我们的很多优秀文化是历史的也是现代的，是今天的也是未来的，是民族的也是世界的。为此，我们一定要在坚持理论、道路、制度自信的同时，坚定对我们的文化的自信。要知道自己从哪里来，要到哪里去。要使优秀文化薪火相传，做好守护工作，包括发展好文化产业，用好创意产业的思维和数字经济的各项技术，更好地演绎中华优秀文化的精神内涵，大力弘扬真善美，坚决抵制假丑恶。

为了我国社会经济的更好、更快发展，我们既要重视对传统优秀文化的传承，使其更加接地气、增底气、灌生气，强化中国的风格与气魄；也要虚心学习借鉴人类社会创造的一切优秀文明成果，重视吸收外来优秀文化。要向世界传播好中国的声音，讲好中国的故事。但在学习外来文化和加强对外交流中，一定不要照抄照搬他国的发展模式，也绝不能接受任何外国的颐指气使的说教，要反对"以洋为尊""以洋为贵""以洋为美""唯洋是崇"的奴仆意识。

《文化红利》一书视野开阔、高屋建瓴。要更好地获得文化红利,扩大文化红利,还需要在文化和文化产业的发展中搞好创新。在今天激烈的竞争时代,唯创新者进,唯创新者强,唯创新者胜。一定要在创新思维、创新管理、创新科技、创新业态、创新模式、创新品牌中使文化事业和文化产业跨上新台阶,创造更大的文化红利效应,赢得更大的文化红利生成。

受邀为此书作序,谨此表达个人观点,希望对读者有益。

任玉岭
二〇一〇年九月一日

国务院原参事,第九、第十届全国政协常委,国家教育咨询委员会委员

推荐序二

坚定文化自信　提升文化红利

《文化红利》是一本不可多得的社科和经济学类读物，很有新意。从字面上理解，"文化红利"是由"文化"和"红利"两个词语组成，是关于文化带给我们红利的著述。作者力求理论和实践相结合，并通过大量的实例向我们展示了在我国全面进入小康社会、实现第一个百年奋斗目标之后，从人口红利、资源红利、制度红利等转向提升文化红利的目标、过程及前景。

红利是指上市公司在进行利润分配时，分配给股东的超过股息部分的利润，是一个经济学概念。这里的文化红利则是全国人民在中国共产党的领导下，通过传承、创新、发展中华民族优秀文化，从站起来、富起来到强起来的福祉福荫。

文化是指凝结在物质之中又游离于物质之外，能够被传承和传播的国家或民族的思维方式、价值观念、生活方式、行为规范、艺术文化、科学技术等，它是人与人之间进行交流的普遍认可的一种能够传承的意识形态，是对客观世界感性的认识与经验的升华，是人类社会相对于经济、政治而言的精神活动及其产物。教育、科学、艺术皆属广义的文化，而政治、经济与文化相互关联、相互作用。具体的人类文化内容指族群的历史、风土人情、传统习俗、生活方式、宗教信仰、艺术、伦理道德、法律制度、价值观念、审美情趣、精神图腾等。在当代，文化在经济社会的发展中已上升到了拥有经济价值的维度。

我们满怀信心提升文化红利，源于我们对中华民族文化的自信。

中华文化是由传统文化、革命文化和社会主义先进文化构成的一个有机整体。中华文明是中华民族在人类文明的历史进程中唯一没有断流地传承到今天的文明。中华民族始终以博大包容的胸怀，传承和发扬民族优秀文化，学习和吸纳世界各国优秀文化的精华。中华文化是优秀的人生观、价值观和世界观的文化，始终以"仁爱、中庸、谦和、真诚"为人生观，以"修身、齐家、治国、利天下"为价值观，以"世界大同，天下一家"为世界观。如今，中华文化将推动构建人类命运共同体作为伟大的使命。

文化自信是一个民族、一个国家以及一个政党对自身文化价值的充分肯定和积极践行。"思想文化是一个国家、一个民族的灵魂。无论哪一个国家、哪一个民族，如果不珍惜自己的思想文化，丢掉了思想文化这个灵魂，这个国家、这个民族是立不起来的。"党的十八大以来，习近平总书记在多个场合谈到中国传统文化，他指出："我们要坚持道路自信、理论自信、制度自信，最根本的还有一个文化自信。""增强文化自觉和文化自信，是坚定道路自信、理论自信、制度自信的题中应有之义。""中国有坚定的道路自信、理论自信、制度自信，其本质是建立在5000多年文明传承基础上的文化自信。"要引导党员特别是领导干部"坚定中国特色社会主义道路自信、理论自信、制度自信、文化自信"。"文化自信，是更基础、更广泛、更深厚的自信。"①

我们有优秀传统文化的底蕴。优秀传统文化基础上的继承和发展，夯实了我们文化建设的根基，奠定了我们文化自信的强大底气。博大精深的优秀传统文化能"增强做中国人的骨气和底气"，是我们最深厚的文化软实力，是我们文化发展的母体，积淀着中华民族最深沉的精神追求。诸如"自强不息"的奋斗精神，"精忠报国"的爱国情怀，"天下兴亡，匹夫有责"的担当意识，"舍生取义"的牺牲精神，"革故鼎新"的创新思想，"扶危济困"的公德意识，"国而忘家，公而忘私"的价值理念等，一直是中华民族奋发进取的精神动力。此外，"天人合一""天下为公"的社会理想，"以人为本""民惟邦本"的治国理念，"载舟覆舟""居安思危"的忧患意识，"止戈为武""协和万邦"的和平思想，"与人为善""己所不欲，勿施于人"的处世之道，"儒法并用""德刑相辅"的治理思想，"和为贵""和而不同"的东方智慧，一直是中华民族治国理政的思想渊源。

我们有鲜明独特、奋发向上的革命文化。从井冈山精神、长征精神、延安精神、西柏坡精神，到雷锋精神、大庆精神、"两弹一星"精神，再到航天精神、北京奥运精神、抗震救灾精神，这些富有时代特征、民族特色的宝贵财富，脱胎于中华民族优秀文化传统，又在新形势下不断进行着再生再造和凝聚升华，从而为我们在新的历史条件下推进文化建设奠定了坚实的基础。

除此之外，我们还有承前启后、继往开来的社会主义先进文化。它是对中华民族优秀传统文化和红色革命文化的继承和发展，是以马克思主义

---

① 习近平：《在庆祝中国共产党成立95周年大会上的讲话》，新华网2016年7月1日。

为指导所进行的文化创造。社会主义先进文化的明显特征是中国特色社会主义的共同理想、以爱国主义为核心的民族精神和以改革创新为核心的时代精神，以及社会主义荣辱观。在短短几十年的社会主义实践中，我们创造了中国道路、中国模式、中国奇迹，这已充分说明社会主义先进文化是一种有生命力的文化，是一种体现人类文明发展进步方向的文化。

文化的优秀、国家的强大、人民的力量，就是我们文化自信的强大底气，文化自信的水之源木之本。正如习近平总书记所说："站立在960多万平方公里的广袤土地上，吸吮着中华民族漫长奋斗积累的文化养分，拥有13亿中国人民聚合的磅礴之力，我们走自己的路，具有无比广阔的舞台，具有无比深厚的历史底蕴，具有无比强大的前进定力。"[①]中华民族的优秀文化不仅是我们宝贵的精神财富，同时给我们带来了丰硕的物质财富。坚定文化自信，我们能够得到更大的回报、更快的发展。

《文化红利》一书对慈善文化和慈善红利的探索，更是作者紧密联系工作实际的深切感悟。慈善文化是文化的组成部分。慈善文化的核心是利他主义价值观。慈善文化有五大理念，即平等互助的理念、依法行善的理念、企业公民的理念、慈善无界的理念、开拓创新的理念。在构建社会主义和谐社会的历史进程中，弘扬慈善文化利他主义价值观，对慈善事业起着十分重要的推动和支撑作用。

慈善红利是文化红利的重要组成部分，在文化红利中有着向好的提升价值。党的十九大明确指出，要加强社会保障体系建设，完善社会救助、社会福利、慈善事业、优抚安置等制度。在我国慈善事业的发展进程

---

① 习近平：《在纪念毛泽东同志诞辰120周年座谈会上的讲话》，新华网2013年12月26日。

中，2016年颁布实施的《中华人民共和国慈善法》，为我国慈善事业健康发展提供了保障。它开宗明义地提出了发展慈善事业，弘扬慈善文化，规范慈善活动，保护慈善参与者的合法权益，进而明确了其促进社会进步、共享发展成果的立法宗旨，为慈善事业的全面转型与发展提供了基本法律依据。

中国慈善事业是中国基本经济制度、民生保障制度、社会治理制度的有机组成部分。慈善事业是一种立足于第三次分配基础之上的混合型分配机制，能否在再分配调节机制中扮演好自己的角色至关重要。党的十九届四中全会审议通过的《中共中央关于坚持和完善中国特色社会主义制度、推进国家治理体系和治理能力现代化若干重大问题的决定》（以下简称《决定》）指出，公有制为主体、多种所有制经济共同发展，按劳分配为主体、多种分配方式并存，社会主义市场经济体制等社会主义基本经济制度，既体现了社会主义制度的优越性，又同我国社会主义初级阶段社会生产力发展水平相适应，是党和人民的伟大创造。《决定》强调重视发挥第三次分配作用，发展慈善等社会公益事业。

《文化红利》的作者何勇先生多年从事文化工作和慈善事业。他大学毕业后投笔从戎，曾经是一名革命文艺战士，后来成为一家通讯社的编辑、记者，还当过医院院长，更多的是从事文化和媒体事业。多年在文化传媒和医疗卫生领域负责报纸杂志的管理工作。工作中他认识到了公益慈善事业无论对文化还是医疗卫生等来说都越来越重要，于是发起成立中关村精准医学基金会，从慈善情怀到慈善行动，在中国公益慈善事业的道路上辛勤付出，乐此不疲。中关村精准医学基金会是经国家民政部门注册登记的全国性公募基金会，是《中华人民共和国慈善法》实施后第一批被认定的

文化红利

慈善组织和具有公开募捐资格的基金会,是国家"十三五"科技规划"中国精准医学研究计划"科技重点项目单位,是致力于为人民提供更精准、更高效的医疗健康服务,推动建设"健康中国"事业的一家公募医学基金会。《文化红利》一书是何勇先生多年从事文化工作和慈善事业的思考和实践的结晶,对提升文化红利、慈善红利进行了积极的、创新性的探索。

《文化红利》值得一读。

蔡顺利

中国作家协会会员、中国诗歌学会会员、

中国散文学会会员,健康报社副社长、作家

前言

　　文化是一个国家和一个民族的灵魂，其本身具有一定的经济价值和精神价值。如今，文化已经形成产业规模。所谓文化产业，主要是指通过经营符号性的产品或服务来创造对应的产业规模和经济价值。在现实功能的发挥上，文化可以通过意识形态功能来教育人、引导人，满足人的多元化文化需求；然后，根据人们的文化需求，创造各种文化消费的机会，进而以文化产品和文化服务的方式，形成具有一定规模的经济效益。这就是所谓的"文化红利"效应。如今，中国文化已经进入从文化精神到经济价值的释放过程，中国社会经济进入文化红利期。

　　而在经济全球化、文化多元化历史背景下，要想实现文化产业经济价值与精神价值的融合以及文化红利的释放，就需要我们实现两大方面的目标：一是注重开发文化产业的经济价值，充分利用与创新文化资源，使文化成为满足人们现实需求的产品，能够创造可评估的经济价值；二是注重开发文化产业的精神价值，充分发挥文化在传承优良传统、引领社会风尚、提升道德修养等方面的思想引导功能，使文化产业的精神价值与传统文化、现代文化机制进行有效融合，实现中华传统文化与世界文化的碰撞与融合，全面推动中国文化产业的快速发展。

　　只有深刻认识到文化的经济价值与精神价值，人们才会愿意为文化付费,并获得因文化付费而带来的机会和可能性。这就需要我们在实践中充分考虑文化产业生态的建设、商业运作模式的设计以及在不同领域推动文化红利的转化,这其中特别是要厘清创造文化红利的基本思想逻辑和行为重点。

在本书中,我们将重点阐述包括企业在内的各类组织应形成怎样的文化红利转化思维,及其在实践中应关注的重点。比如,什么样的企业文化能够吸引人们付费?商业运作与公益之心如何平衡兼顾?如何让企业自然而然地呈现其文化风貌?如何通过文化来满足和引领客户的文化需求?如何创造性地传承中国传统文化,让人们重新重视中国传统文化?如何打造文化IP和文化生态圈,引爆文化势能?如何面向世界进行文化传播,与世界文化进行碰撞与融合,在世界范围内收获更大的文化红利?

为了方便读者朋友们更好地理解本书内容,我们尽可能采用生动的案例来辅助本书思想理念的系统阐述。在这里,我们衷心地希望本书能够给更多读者朋友点亮一些不一样的思想火花,打破传统的思想认知体系,开始新一轮的理论建设与实践探索。

目录

第一章

从人口红利向文化红利变迁,快速捕捉红利期

从文化精神到经济价值,中国文化红利在逐步释放 / 2

揭示优秀文化的核心密码,传承中国商业文明精神 / 6

彰显中国文化的深厚底蕴,链接新时代,展现文化自信 / 9

与世界对话,促进文化交流,全方位斩获文化红利 / 12

第二章

深化企业文化内涵,传递企业文化与企业家精神

以传统文化丰富企业文化内涵,凝聚并释放商业核能 / 16

重视企业文化的效益转化,创造性地传递企业文化 / 21

不忘公益初心,积极打造社会影响力,实现利润获取与利他的平衡 / 26

依循正道经营,明确新时代企业与企业家的使命担当 / 34

第三章

落地企业文化

打造企业独特的文化品格,促进企业文化的有效内化 / 42

将文化纳入企业经营管理之中，将企业文化刻入身心 / 50

借助自上而下的文化宣导，打造企业上下的共同气质 / 56

提升文化精神的落地程度，评估个体文化传承效果 / 63

第四章
立足于客户的普遍认知，满足并引领客户需求

关注民众的共同心理需求，评估客户的真实需求 / 70

与目标客户群积极建立连接，引导客户参与企业运营 / 76

发掘客户的实际需求，快速实现企业的创意输出 / 84

把握客户文化偏好，激发客户的文化需求与消费欲望 / 89

第五章
守正创新，创造性地传承传统文化

找到传统文化与新科技的结合点，让传统文化焕发生机 / 94

创造多样化的文化传播形态，生动呈现中华传统文化之美 / 100

应用跨界思维，与不同文化建立链接，创造性地传递文化 / 105

突出文化载体的价值所在，实现从免费到付费的转变过程 / 112

第六章
聚焦文化IP，打造文化生态圈

吸引资源，转化文化势能，激活文化引爆点 / 118

打造文化IP，孵化IP内容，建立文化生态圈 / 124

合法使用IP，拉近与先进者的距离，快速提升竞争力 / 130

关注专利分享的尺度，实施系统性的IP保护措施 / 137

第七章
面向全世界，实现全球化语境下的跨文化传播

萃取文化精髓，向世界呈现大国传统文化的风采 / 148

评估不同文化的异同点，提高跨文化传播的可接受度 / 154

以文化承载品牌，推进高端文化品牌国际化进程 / 161

重视本国与世界的文化遗产，充分释放文化红利 / 166

第八章
捕捉文化传播契机，全面提升文化影响力

把握文化传播的时机，找准文化传播的最佳机会点 / 172

救助危难，和平友善，彰显阔达的格局和情怀 / 175

把握文化发展特征，探索文化的商业化运作之路 / 180

强化中国文化的国际形象，强力提升软实力 / 186

附　录　慈善红利的发展历程 / 189

参考书目 / 199

后　记 / 201

第一章
从人口红利向文化红利变迁，快速捕捉红利期

当社会的道德素质、教育水平和文化影响力得到充分提升之后，其经济交易成本会随之降低，这便意味着"文化红利"出现了。在未来中国社会经济的发展过程中，"文化红利"将逐步取代"人口红利"，成为推动中国社会经济发展的重要动力源。

从文化精神到经济价值，中国文化红利在逐步释放

文化是每一个国家、每一个民族的灵魂所在，而文化本身具有一定的经济价值和精神价值。我们可以这样说，文化的经济价值是文化产业的本质体现，而文化的精神价值是文化产业的内在灵魂。如今，中国文化已经形成了一定的产业规模。我们可以清楚地看到：中国文化从文化精神到经济价值的充分释放，以及中国社会经济以更快的速度进入文化红利期。

1. 人口红利期逐渐结束，文化红利期逐步开启

在 20 世纪八九十年代，中国市场红利主要体现在"人口红利"上。在很长时间里，中国出现了可劳动人口数量较多、农村劳动力过剩的现象，形成了明显的低成本用工优势。这也是吸引诸多外资企业入驻中国建厂的一个重要原因。

随着中国经济的快速发展，企业用工成本逐年增加，至近年来，中国的低成本用工优势日益衰弱。据 2021 年第七次全国人口普查数据显示，中国人口共 14 亿 1178 万人，年平均增长率为 0.53%，比 2000 年到 2010 年的年平均增长率 0.57% 下降了 0.04 个百分点。数据表明，我国人口 10 年来继续保持低速增长态势，劳动年龄人口逐年缓慢减少，中国市场的"人口红利"随之变弱。

这种市场变化自然会影响到中国经济的未来发展。要想解决当下以及未来可能面临的困境，就不能继续坐享"人口红利"。对此，党的十八大报告提出了一系列涉及文化的新观点、新举措。我们可以这样理解：以"文化红利"取代"人口红利"，提高输出的价值含量，这将成为推动中国社会经济发展和打造新优势的重要力量。

2. 界定文化红利的概念，明确文化红利的内容

黄旭在《"文化红利"与中国经济未来发展》一文中，对"文化红利"进行了定义，并对其内容作出了具体的阐述。他将"文化红利"定义为，随着一个社会的价值体系、道德素质、教育水平和文化影响力的提升，其有利于整体社会的交易成本的降低，便可判断其可以产生"文化红利"。他认为，"文化红利"应包括信仰红利、道德红利、教育红利和文化影响力红利。

（1）信仰红利

黄旭在阐释信仰红利时这样说道：中国在推行市场经济的过程中，必然涉及对市场经济及"经济人"假设的认可、允许个人对财富的追求以及私有产权保护等因子。此时，如果人们缺少对应的信仰教育，则很有可能造成个体价值丧失、过度追求财富甚至进入发展误区。

如果能够展开充分的信仰教育，那么不仅有利于促进社会和个体的和谐发展，还有助于助力国民经济再上新台阶。举个简单的例子，如果人们崇尚文明、有规则意识，能够做到有序排队，那么在机场、火车站等交通枢纽场所便不需要安排较多的安保人员和工作人员，这意味着在人力资源方面的节约……良好的信仰可以直接带来一大波红利。基于此，我们要着力建立文明信仰教育，引导人们朝着和谐生活与积极发展的方向前行。

（2）道德红利

道德是社会意识形态之一，是人们共同生活及其行为的准则和规范。道德的一个重要方面就是诚信。诚信行为意味着要从长远视角作出恰当决策，全力保障国民经济的可持续发展，避免因此可能造成的重大损失。

比如，前些年一度出现的食品安全事件，呈现的便是企业或个体商户的诚信道德缺失问题。这些问题的曝光导致国人不敢轻易相信部分企业的产品和服务，无形中提高了企业的商业运作成本。

再比如，随着企业组织与个人的信用体系的逐渐健全和完善，企业和个人都可以在网络上非常便利、高效地进行交易。这种社会诚信降低了交易成本。

（3）教育红利

目前，中国农村劳动力的综合素质普遍处于偏低状态。在2003年《中国教育与人口资源问题报告》中显示，农村劳动人口的人均受教育年限为7.33年，而城市劳动人口的人均受教育年限为10.20年。这种情况极大地制约着社会经济的持续发展。为了解决这个问题，中共十八大报告特别指出，要"开展全民阅读活动"，"大力促进教育公平，合理配置教育资源，重点向农村、边远、贫困、民族地区倾斜"。

在这种现状与政策指引下，各类教育（除了包括义务教育、高等教育之外，还包括继续教育、职业教育、网络教育、社区教育）工作的开展，将有效提高劳动力质量，从而进一步延长"人口红利"的持续时间。

（4）文化影响力红利

一个国家或民族的精神文化和价值体系，可以通过电视、电影、视频等载体传递给观众，进而对观众形成潜移默化的影响。比如，一些喜欢观看国外影视剧的观众，他们的个体行为往往会受到那个国家民众的文化价值观念的影响，甚至逐渐爱上承载其文化的商品，由此产生相应的消费行为。这就是文化影响力的红利。

目前，中国文化在世界上的影响力仍然不够强大。如果我们选择恰当的文化传播方式，有效传递正能量的中国文化，那么中国企业在海外市场的道路上会走得更快、更稳。

揭示优秀文化的核心密码，传承中国商业文明精神

如今，中国已进入一个崭新的商业时代。然而，这并不意味着我们需要舍弃中国优秀的传统文化。事实上，如果我们能够将中国传统文化纳入全球化的大环境中，在传统文化中汲取商业文明的精神力量，我们将走得更远。

1. 重建新商业秩序，输出中国优秀传统文化和核心价值观

中国文化博大精深，历史悠久，影响着一代代中国人的价值观生成。中国身处世界之中，在全球化的发展进程中，也应将中国商业文明与世界商业文明进行关联考察并恰当重建。在这个追求多元化的时代，我们更需要重建新商业秩序，有效输出中国传统文化和核心价值观。事实上，引导并实现其他国家逐步接受并认同中国文化理念和核心价值的过程，也是推进中国商业文明再次崛起的过程。

近年来，来自西方国家的一些优秀的市场理论传入中国，并在中国市场营销活动中产生了很大的影响，也使得中国经济的发展获得了很大的进步。这是一个不可否认的事实。但我们也不必妄自菲薄——因为中国社会经济的发展是与中国商业文明密切相关的。

一些专家学者从中国文化的丰富内涵找到切入点，提出了一些文化命

题与概念。他们认为，中国企业应通过把握企业内外环境和市场的突出特征，找准切入点，以此去超越世界上其他国家的企业。当然，这也需要我们理性地看待、反思，并从中国传统文化中汲取新商业文明的精神力量，面对现实情况有创新地加以传承。

2. 沿袭中国传统文化之精髓，汲取新商业文明的精神力量

从古至今，中国传统文化都对商业文明有着巨大的影响。早在战国时代，就已有能工巧匠——他们被时人称为"济世圣人"。在《考工记》中有这样的记述："知者创物，巧者述之守之，世谓之工。百工之事，皆圣人之作也。"古文记录中的鲁班、庖丁、卖油翁等人，都是中国传统能工巧匠的代表人物，有关他们的传说故事无不体现其技艺追求与工匠精神。

时光荏苒，中国商业从过去发展到今天已有数千年。虽然有一小部分企业经营者在经营时存在夸大宣传、以次充好等问题，企图通过抄袭模仿寻找企业发展壮大的"捷径"。但是，更多的企业家或能工巧匠在创造着蕴含更大的商业价值的精神与实力。

2002年，褚时健保外就医之后开始种植褚橙，并进行了很多种植工序和技术的创新。比如：为了确保果实的品质，预先摘掉过多的果实；在挂果后，为了控制果实的外观大小，还会实施剪梢操作，确保阳光照射到果实上；褚时健还设计肥料的配方，并研究出"最符合中国人口味的橙子甜酸度"。后来，"褚橙"在网络上销售火爆，一时间家喻户晓。而之所以产生这一现象，除了产品本身的货真价实、高品质之外，还与人们在各销售渠道中感受到的文化和情怀因素密切相关。从本质上来说，这体现了企业家、商业家们对中国传统文化——工匠精神的承袭，也体现了消费者们对工匠精神的高度认可。

当然，中国传统文化不仅表现为工匠精神，它还有着更为丰富而深远的内涵。在新商业时代里，如果企业家、商业家们能够批判地继承并吸收中国传统文化中的精华，以此切入、延伸，并输出新的价值概念，那么必然会为新商业文明建设增加更雄厚、更强大的精神力量。

彰显中国文化的深厚底蕴，链接新时代，展现文化自信

中华优秀传统文化深深地沉淀着中华民族的基本精神追求，体现着中华民族独具一格的精神标识，构成了具有中国特色的思维模式和行为方式。从过去到现在，中华文化始终昭示着斐然的文化自信，支撑着中华民族精神在5000余年里世代相传，使中华民族得以傲然屹立于世界民族的行列之中。

1. 展露中国传统文化的底蕴，呈现古为今用的文化自信

中华优秀传统文化源远流长且博大精深。它所孕育和融汇而成的各种价值观念、社会理想、道德品格、哲学理念、辩证思维、美学思想、行为规范等，共同打造了光耀中国数千年的文化思想经典著作，成就了中华民族所特有的高尚品质、信仰追求、文明准则、审美情趣、思维模式乃至行业技术标准。

具体地说，诸如仁、义、礼、智、信、温、良、恭、俭、让、忠、勇、孝、悌、廉等中华优秀传统文化中的思想道德观念早已深入人心，而诸如诚信守礼、知行合一、扶危济困、经世致用等情操品格更是持久地滋养着中国人的血脉和灵魂。

时至今日，这些世代相传的优秀文化仍然承担着"文以载道、以文化人、思想育人、传承文明"的历史使命，打造着中华优秀传统文化的思想底色、信仰支柱、精神追求，凝聚着有力推动社会进步且足以穿过历史嬗变与时代跃迁的巨大精神力量。

同时，传统文化也在中国人的身体里打造了更加基础、更加广泛、更加深厚的自信心。这种由个体至民族的文化自信，是一个国家、一个民族在发展中更深层且持久的力量。实现这种文化自信需要经过一个系统的过程，需要做到人员安排的点面结合和内容设定的深浅适宜，在制度、机制、体制等方面"兴文化、展形象"，与广大民众的思想与能量建立具有深度而有效的链接，以顺利推动文化自信的实现。

2. 链接新时代的变化与发展趋势，重视文化传播的与时俱进

在当今的世界潮流中，创新处于首位，科技创新在引领着发展。中国传统文化也可以与科技创新相结合。在如今这个科技创新时代，人们开始越来越多地借助多媒体形式来传播传统文化，更充分、更多样化地演绎传统文化的内容和形式。

数字敦煌是一个开展时间较早并持续进行的项目。该项目包括虚拟现实、增强现实和交互现实，运用高科技手段使得敦煌文化瑰宝能够以数字化形式呈现，以此来满足人们在游览、学习、研究等多方面的需求。现在，敦煌在越来越多人的心目中留下了非常深刻的印象。这便是传统文化与科技创新相融合的结果，对于传统文化的传播与发展产生了非常好的效果。

与此同时，人们也越来越重视文化内容与当下时代精神的融合。

举例来说，关于贫穷，古有孔子"少者怀之，老者安之"的思想主张，其体现着对弱势群体的关怀；如今，中国提出了"精准扶贫"的政策，因人因地实施扶贫政策，在直接物质资助外关注教育脱贫、生态保护脱贫等的高效性与可持续性。这便是一种传统文化的传承和与时俱进的实践。

这种文化的传承与发展，从过去到新时代的链接，既保持了中国文化的自信，又促进了新文化的应用与发展，可以更好地释放社会和谐的巨大红利。

与世界对话，促进文化交流，全方位斩获文化红利

当一种文化遇到另一种文化时，最理想的状态并非单纯的接受、碰撞或你死我亡，而是互相融通、补充，进而彼此丰富、进步，形成更好的文化生产力、竞争力。而后，才能在不同领域里全方位收获更为丰厚的文化红利。

1. 通过更广泛的文化交流，与世界文化实现有机融合

中外文化的交流与对话，并非简单的文化叠加，而是在中国传统文化基础上对西方文化的深刻认识，在了解西方文化的过程中反过来强化对中国传统文化的认识。可以这样理解：经过多种文化的相互比较，对各种文化的特点都能够形成更加深入的了解。

一个有着深厚文化底蕴的民族，更容易吸收其他民族的文化精华。如日本、韩国，在吸收欧洲现代文化方面非常迅速且有效，它们对自己的传统文化予以重视与保护，比如传统节日、传统服饰等多方面仍然在传承；同时又大力吸收西方的先进文化，20世纪五六十年代时它们的国民经济水平都不算高，但是到了90年代之后，这些国家的国民经济水平已经是不容忽视的了。这都是中西方文化交流与学习的结果。

传承本民族的优秀文化，保持文化自信；又不固执己见、画地为牢，

以谦虚的姿态积极地与世界文化有机融合，习人之所长，实现兼容并蓄，这是我们在与世界对话过程中应奉行的准则。

2. 分享优秀文化与先进技术知识，形成国际影响力

时至今日，中国的传统思想文化与技术文化都在快速发展。近年来，随着奥运会、世博会等成功举办，各类高科技与世界的交流与分享，也使得中国领先的技术以及开放、发展、自信、合作等理念在国际上留下了令人非常深刻的印象。

2016年，莫斯科地铁第三换乘环线由中国铁建负责建设工作。这一项目是俄罗斯首次在地铁建设中引进外国企业负责设计、施工，也是中国技术、管理及装备首次集体走进欧洲地铁市场。该工程采用的是直径为6.28米的盾构机，可以在零下20摄氏度的低温环境下作业，完全适应俄罗斯当地的实际施工环境，而且该机械也是由中国自主研发和生产的机械装备。

目前，在轨道交通设计、施工、装备等领域里，中国轨道建设单位与机构已经积累了非常丰富的技术经验，所以开始尝试以全产业链运作的方式来进一步拓展海外市场区域。

2018年，新华网刊发了一则《北京地铁技术"出口"莫斯科》的文章，简明扼要地介绍了一项中俄合作项目——莫斯科地铁第三换乘环线建设工程。据称，这一项目是俄罗斯首次在地铁建设中引入国外力量；同时展现了中国轨道建设单位在轨道交通设计、施工、装备等领域的丰富技术经验。中国轨道建设单位由此开启了与海外市场客户持续合作的道路。

2017年，哈萨克斯坦—阿斯塔纳市首条轻轨的初步设计方案顺利通过

文化红利

评审。北京城建设计发展集团相关负责人说:"这条轻轨线路将实现全自动无人驾驶,这是世界上最先进的技术之一。"这个项目是中亚地区首个全部采用中国标准的轨道交通建设项目。

可以说,今日的中国企业、机构充分呈现了"中华文明为优秀文化"的自信,以海纳百川的精神全面学习与兼容并蓄,同时以开放的态度积极地与世界分享自己的文化,不断地提升中华文化的影响力,使中华优秀文化创造出更大的经济价值,全方位斩获新一轮红利,推进着未来中国经济的长期可持续发展。

第二章
深化企业文化内涵，传递企业文化与企业家精神

　　文化红利的重要作用对象之一是企业，而对企业产生最直接影响的便是企业文化。企业文化渗透于企业的各个领域和全部时空，是有别于其他企业的一种DNA。它包括企业信仰、价值理念、工作态度、工作方式、工作气氛和工作行为表现，向企业外部传递出企业的整体风貌和企业家精神。可以说，优秀的企业文化是吸引客户认可并最终获得红利的重要原因。

以传统文化丰富企业文化内涵，凝聚并释放商业核能

在企业实践中，很多企业的核心价值观由企业创始人和高层管理者提出，然后结合企业的典型特征，将二者融合，由此形成让全体员工认同的企业文化。

一般而言，创始人和高层管理者提出的价值观来源于他们对创业经历的总结，而后逐渐从符合社会群体认知的角度出发进行提炼。对于后者，企业创始人和高层管理者往往是从曾经熏陶过企业员工与目标客户群体的传统文化入手，演绎出具有传统文化传承性与企业个体独特性的企业文化内容，或者进一步丰富已有的企业文化内容。从实践验证的结果来看，这样的企业文化能更好地凝聚传统文化的精神，更容易为市场群体所接纳，进而释放出巨大的商业核能。

1. 以古之规矩，开今之生面，沿袭优秀的传统文化

传统文化对企业员工和企业管理模式存在深刻的影响。这使得很多企业在推进企业文化建设中，花费大量精力去挖掘传统文化中的精华部分用于当下的情境。所以，我们常常会在企业文化手册中看到诸如"利他共赢""厚德载物""义利共生""上善若水"等口号或关键词。其实，这便是通过提炼优秀传统文化中的关键点，结合企业特征来设计企业文化的一种实践。

我们知道，中华民族在长期实践中形成了独特的思想理念和道德规范，比如爱国爱民、修身扬善、匠心敬业、尊老爱幼、以和为贵等，这些思想理念和道德规范形成了中国人独特的文化基因，构筑了中国独具特色的文化语境。不论过去还是现在，中华传统文化都有着永不褪色的传承价值。可以说，在现代的中国社会，如果脱离或忽视了这种独特的文化基因和文化语境，做任何事都将成为无源之水、无本之木。

因此，企业应以中华优秀传统文化为基础，将传统文化中的精髓融入企业经营管理之中，以民众熟识的文化语境去阐述企业文化中的精髓要旨，实现对中华优秀传统文化的创造性转化，如此方能达到深入人心、广为流传的效果。

弘扬民族精神是企业文化的核心。民族精神是中华民族赖以生存和持续发展的支撑性力量，是中华民族携手向前、积极进取的动力之源。在中华民族发展史上，很多民族企业在企业内部发扬着以团结勤劳、自强不息等为典型特征的精神。从溯源角度来说，这些精神是植根于优秀的中华传统文化之中的；而从企业经营角度来说，它们又帮助企业形成了一种独特的企业人精神标签。这种精神力量是企业长远发展的原动力。因此，构筑企业的文化内核，我们不妨先从中国优秀的传统文化内容入手。

事实上，许多外国企业家（比如日本企业家）都熟读中国传统文化经典著作（如《论语》《道德经》等）。可以说，中国传统文化在经历了一个大循环之后，已经成为不同国家的企业文化内涵中不可或缺的因子。企业要想发展，就要更好地继承中华优秀传统文化，在实践中予以创新，从而使企业文化真正繁荣起来。

2. 基于"人、信、和"传统文化思想，提炼企业文化的内涵

中国传统文化思想对于在现代化发展中出现满怀私欲、利己主义等不良的思想和行为倾向，可以起到防止和调节作用。这是因为，中国传统文化在价值观方面倡导为别人牺牲和忘我精神，这些都是受到民众普遍尊重、认可和称赞的美德，而企业文化恰恰可以以这些传统文化思想来引导企业成员在企业中践行这些思想。

从这个角度来说，很多中国传统文化思想都与现代管理思想不谋而合，而且这些思想已经深深植根于中国民众的头脑中。如果能将这些思想文化恰当而灵活地应用于企业文化建设之中，引导企业成员朝着积极的、企业期望的方向发展，那么必然会增加企业的竞争优势，打造出促进企业快速发展的强大动力。

从目前的中国企业文化来看，大多数企业在沿袭中国传统文化方面主要体现"人""信""和"等特征。其中，"人"是指"以人为本"，"信"是指"以信为基"，"和"是指"以和为贵"。

（1）以人为本

所谓"以人为本"，是指企业将人作为一切经营活动的根本性考量因素。企业的发展与强大，在很大程度上是"人"在发挥作用。企业通过为"人"提供良好的成长环境，来为企业培养所需要的各类人才——这群人才则在这种环境下，更好地发挥自己的力量，由此促进了企业的卓越发展。以人为本，才有人心所向。人才是企业最大的生产力，也是企业最大的财富。

（2）以信为基

要使企业获得成功，必须立足于"诚信"。对于企业来说，对内部人员要讲诚信，这样才更有助于强化企业内部成员之间的信任与理解，维持和谐的人际关系。而在对外方面，也要讲诚信。因为，企业面向外部的诚信表现会形成较大范围的影响力，形成良好的外部关系，可以让企业在激烈的市场竞争中占据更有优势的位置。简单地说，如果一个企业表现出高诚信行为，那么它通常可以从金融机构获得大额度、低利率的信用额度；获得消费者的信任，自然而然地创造更多的交易机会。所以，诚信通常被视为企业文化内涵中的基础部分。

（3）以和为贵

中国商业文化中有一句俗语："和气生财。"这从本质上来说便是一种"以和为贵"的企业文化。如果从中国传统文化溯源，这主要源于中国人在农耕文明时代对"和谐统一"的重视。当时，人们重视自身与自然、社会、其他人之间的和谐，甚至于自身的身心和谐。这种思想观念发展至今，已经成为一种社会性心理习惯，很容易获得人们的心理认同。不过，这种"和"文化不等于"和稀泥"文化，即要避免因表面化的"和"而招致企业懈怠懒散之风。"和"是为了实现稳定运作与持续发展，而不是被作为个体谋利的借口和理由。

3. 以企业文化提升企业竞争力，形成为企业赋能的力量

企业文化能够播种一种独特的观念，培育一种独特的群体行为，从而收获理想的行为结果。从实践的角度来说，通过企业文化建设，企业可以解决企业成员在观念、感情、情绪、态度等方面的问题，以非正规约束的形式来规范企业成员的日常行为。

可以说，企业文化不但可以提高企业凝聚力、激发内部活性、增加企业利润、促进品牌升级等，还能够让人们产生利他之心，自上而下地释放权力，让员工呈现更大的创造性，更好地释放集体的智慧，共同推动企业向前发展。

这种赋能性的力量会打破传统的企业管控模式，从"强制要求人们去做"转变成"人们自主想要做"，建立能够实现全员共识的生态文化，进而打造强大的自驱力，引导员工与企业砥砺前行、共生共赢。同时，这种思维模式与体系的转变，也会向外界传递企业优秀而独特的力量，使之在外部环境中呈现更强大的竞争力，这才是企业文化的真正作用所在。

当然，任何企业文化体系的建设都不是一朝一夕即可完成的事情，也不是只需借助几个工具即可快速解决的。事实上，企业文化建设更像一场旷日持久的战斗。企业必须以体系化思维进行周密的设计，让企业维持健康的运行，进而在企业文化落实中取得预期的效果。

重视企业文化的效益转化，创造性地传递企业文化

企业文化可以让企业自身获得更大的竞争优势，此外还可以通过创造性传递文化，并采取一定的方式实现效益转化，为企业创造可见的红利。

1. 重视企业文化与效益转化的过程，保障文化成果的输出

企业文化学的奠基人劳伦斯·米勒曾说："谁拥有文化优势，谁就拥有竞争优势、效益优势和发展优势。"这也是日本和美国的企业致力于企业文化建设的主要原因。基于此，我们可以作出这样的判断：企业文化和成果是可以转化为企业效益的。

企业的文化和成果输出，可以从六个方面增强企业效益：一是，可以使企业在遭遇危机之时能够采取主动的姿态，维持企业的健康运作与稳健发展；二是，可以促使企业以积极、正面的形象，与客户展开顺畅的沟通，打造更为可靠的商业形象；三是，可以提高企业的行业影响力甚至社会影响力，使企业逐步发展成为行业标杆，引领行业发展；四是，可以使企业在实践中落实自己的文化理念，提高企业的整体反应速度和成员个体的工作效率；五是，可以使企业内部团结一致、互助互爱，减少多方摩擦和不必要的损失（比如伤亡损失、情绪损失等）；六是，可以增加企业上下的风险意识，使企业的整体行为做到张弛有度、进退得宜。

从表面上看，企业文化是为了实现企业日常经营管理目标而存在的。实际上，它却能间接转化为企业效益。因此，企业应该采取长远的视角，以发展与进化为目标，理性地处理企业文化的建设与成果转化问题。

2. 分层次地打造企业文化，有效多向地传递企业文化

有一份对世界500强企业的调查表明："这些企业出类拔萃的关键是它们都具有自己优秀而独特的企业文化品牌。它们令人瞩目的技术创新、体制创新、管理创新的理念，都根植于各自的企业文化之中。"这也是企业的目标，让"企业文化"成为企业的文化品牌，让企业的产品、技术、管理、服务、商业合作都体现着企业独特的文化特征。

发展相对成熟的企业文化一般可以分为四个层面：理念层、制度层、物质层和行为层。简单来讲，理念层包括愿景、使命、核心价值观、企业精神、企业哲学、经营与管理理念等，其中愿景、使命、核心价值观是不可或缺的；制度层包括各种与文化相关的制度，如管理制度、人员激励制度；物质层是企业理念层与制度层的载体，如企业标志、员工服饰以及其他文化形象载体；行为层则是指企业倡导的各种行为以及规范要求。基于此，企业亦可以从这四个层面来考虑如何打造属于自己的企业文化。

（1）从理念层面，搭建清晰的文化结构

理念层是企业文化的核心层，是企业文化的灵魂。起初，它给人的感觉总是"虚"的。因此，企业可以从愿景、使命、核心价值观等方面进行系统梳理，然后将其概括为一个逻辑明显的企业文化体系，比如一个中心、几个准则之类。通过这样的梳理，使得企业文化体系变得简单清晰，原本相对虚化的企业文化更容易被企业成员深度理解，进而达成共识。

（2）从制度层面，进行科学合理的安排

制度层是企业文化的中间层次，是企业为实现自身目标对员工的行为给予一定限制的文化部分。企业的管理制度、工作流程、业绩考核、人员奖惩等都属于企业文化中的制度层内容。企业文化应凭借强制性的行为要求，规范和约束每一个企业人员的行为，让各个岗位的人员做到规范行为、不乱作为。因此，企业文化必须是权威的、科学的。

（3）从物质层面，形成符合文化特征的表达方式

物质层是一种以物质形态呈现的表层文化，是产品和各种物质设施构成的一种器物型文化。它主要包括企业的产品和服务、企业的产品包装与品牌标志、企业的生产环境、企业建筑（如办公大楼）、企业广告等。这些物质层的载体都需要明确体现企业文化。

（4）从行为层面，组织一套便于记忆的文化语言

企业文化的行为层部分必须形成便于记忆、口耳相传的文化语言。一般而言，企业可以针对不同层级来设计恰当的文化语言。比如，一些企业为高层管理人员设计了"五重"行为规范：重责任、重创新、重绩效、重公正、重表率，然后针对基层人员再设计一套倾向于基层工作的规范。通过这种分层设计模式，企业成员都有一套与自身工作内容相匹配的行为要求，从而确保员工遵循企业文化付诸行动，使企业文化成果最终能够在整个企业中得以呈现。

总之，企业文化是企业正常运作、提升企业凝聚力和企业战斗力的重要源泉，也是企业向社会展示自己的精神风貌的重要途径。在企业文化建设过程中，需要不断地认真思考如何让自己的企业文化优势切实展现自身的特色，让企业在客户和市场中树立起独特的品牌形象，进而形成品牌信

任与消费欲望,增加企业的商业价值。

3. 关注国计民生,解决社会问题,开发适宜的业务产品

企业的文化和市场表现,都应体现企业对国计民生的关注,真正解决社会问题,让社会和民众看到其对文化要旨的有效贯彻以及贡献社会的诚意——当社会民众感受到企业的利他性时,才会更愿意接近它;反之,企业过度表现对利润的追逐,民众则会远离它。这也给企业的发展提供了一个思路:以解决国计民生和社会难题为核心理念,在这样的理念指导下着手企业的业务产品开发,从而为企业创造效益。这是一种建立在利他原则下的利润获取与效益转化模式。

近年来,国内有很多企业选择加强技术层面的竞争壁垒,开发高技术含量的业务领域,比如机器人技术领域。2020年春,AI机器人隆重登场。据称,在武昌方舱医院开舱期间,达闼机器人武昌方舱医院特战队5名成员,用时6天即完成"智能方舱"指挥中心系统的部署交付工作。这些方脑袋、圆脑袋、高个子、短身材,被称为"大白、小白"的机器人们,在7×24小时的时间内,持续活跃在方舱、医院、火车站、高速入口等区域。在工作人员较为繁忙之时,它们发挥非接触测温、系统警报、送药监控等功能,能够进行全景360度无死角巡逻,以及远程可视化的指挥;在工作之余,它们还可以表演各种才艺,娱乐大众。

这些机器人是由达闼科技有限公司提供的。该公司是一家云端智能机器人运营商,多年来从事云端智能机器人运营级别的安全云计算网络、大型混合人工智能机器学习平台以及安全智能终端、机器人控制器技术等方面的研究。2020年，该公司将这一技术在现实场景中进行演练，为产品规模化、商用化实践打下了基础。

无人驾驶技术的项目研发也属于这一类型。近年来，很多城市开始进行自动驾驶布局。至2019年底，中国20余个城市发布了自动驾驶测试政策，其中6个城市发放了载人测试牌照。2020年5月，湖南省长沙市全面开放试乘阿波罗自动驾驶出租车，民众的打车范围主要是位于长沙市梅溪湖地区的开放道路。此外，在中国北京、武汉等地以及美国加利福尼亚州尔湾市等地，小马智行的自动驾驶汽车也装载着人们在电商平台上订购的各种商品，按照预先规划的路线，送至消费者的家中，这在很大程度上缓解了订单配送量大、送货人员短缺的难题。

随着科学技术的发展、时代的进步以及生产生活的特殊情况发生，很多"原本被归为未来需求"的需求，逐渐演变成某种现实需求。而对于这些提供此类产品与服务的企业而言，在此前的若干年里，他们必须先行投入大量资金、人力和物力，承受无数次的失败，坚持一轮又一轮的新尝试，才能在需求凸显的时刻，迅速解决关乎民生与社会的大难题。而当这些技术真正落地、产品得以商用化后，这种含有"面向未来、长期奋斗"之意的企业文化才会得到人们的真正认同，这些企业才算真正获得了效益转化的机会。

不忘公益初心，积极打造社会影响力，实现利润获取与利他的平衡

从文化转化为企业效益的角度来说，企业必须以更高的境界去传递企业文化。而最好的方式，就是在一系列与社会关联的活动中，始终坚持公益之心，为企业塑造正面的社会形象。在此过程中，企业可通过与客户接触的节点，在多个环节和维度形成更强大的聚合力和传播力，实现企业文化在社会与民众心中的深度渗透。

1. 秉持公益之心，践行组织文化，积极履行企业的社会责任

任何社会型组织包括企业在内，都不能脱离社会而独立存在。因此，任何组织都应注重承担好自己的社会责任，在公益活动中彰显组织形象，在国际化发展中传递优秀文化。

（1）携手更多力量，积极推动社会公益事业的发展

对于每个企业来说，以积极的态度去承担社会责任是必不可少的，企业要在日常经营中、在社会危急时刻，承担作为社会主体的责任与义务，积极为社会发展作出自己的贡献，在此过程中树立起优秀的企业形象，提升企业的文明度、知名度和美誉度，推动企业持续健康发展。同时，要号召和吸引大众参与公益事业，这样既能推动公益事业蓬勃发展，为社会作

出更大的贡献；也能增加平台流量，在消费者心中塑造有责任、有担当的良好企业形象。

2019年1月底，南通市1400户低保、低收入家庭中的特困大病家庭每户都收到了1000元的春节慈善红包。此次活动的慰问总金额140万元，皆由南通市慈善总会发放。40多家爱心单位及个人积极响应此次活动，共计捐赠爱心款56.5万元。南通各县（市）区慈善总会还为特困家庭精心准备了大米、食用油、红枣、点心、棉衣棉被等丰富的年货以及金额不等的慈善红包，总价值近千万元。

当然，所谓"慈善与公益"，并不仅仅是简单捐款送物即告了事。

2015年，国家在制定"十三五"科技规划时推出"中国精准医学研究计划"科技重点项目。作为科技部承接此计划的专家组成员，何勇在国家卫健委支持和北京市人民政府批准下，个人出资800万元，于2016年3月，正式获批成立了全国性的公募慈善组织——中关村精准医学基金会。2019年，该基金会累计募集2.5亿元资金，资助了50多个科研课题和300多场学术会议，接收22亿元医疗器械支持基层医疗机构设备改善，捐赠癌症患者生物用药18亿元，发动社会力量参与国家脱贫攻坚工作，为因病致贫、因病返贫家庭提供帮助与支持。

如今，中关村精准医学基金会较大的公益慈善项目有"国家社会组织参与艾滋病防治公益项目"资金专项接收专户项目及"全国结核病防治公益项目"等，每年承接中央下拨的1.5亿元专项基金，由中关村精准医学基金会接收专项基金，并支持基层非营利性医疗机构的发展及科研课题。小型的公益慈善项目有扶贫项目，每年为各省建档立卡贫困户做3万例白内障复明免费手术。此外，还有70多个医学专项基金和50多个医学公益项目。截至2019年底，该基金会共接受社会捐赠资金约7.6亿元，价值达47亿元的社会捐赠癌症药品，价值达65亿元的医疗器械。

多年来，很多公益组织和企业都秉承着"公益不是一个人捐多少钱，而是人人参与"的文化理念，在公益发展的道路上不断探索，以创新的方式帮助无数在生产生活上存在困难的人们。这种贴心与善意也使它们收获了很多社会美誉。

（2）贡献企业的利润，承担企业的社会责任

现代管理学之父彼得·德鲁克曾指出："各种机构的管理当局都要对它们的副产品（即它们的合法活动）所产生的影响（对人、对物质环境和社会环境产生的影响）负责。人们日益期望这些管理当局预见并解决各种社会问题。他们必须深入考虑和制定企业与政府相互关系方面的新政策。"而且，企业还应承担社会责任（如就业、环保、救灾等），为人类社会的进步与发展作出杰出的贡献。

事实上，很多企业都会在取得一定利润、获得一定社会地位时，积极地回馈社会。比如，"日本经营之圣"稻盛和夫曾创立了一个国际性奖项——京都奖，人们称这一奖项为"东方诺贝尔奖"。每年11月10日，这个项目组织都会对各国在尖端科学、基础科学、精神科学领域作出过重大贡献的杰出人士进行表彰，获奖者可获得荣誉证书、奖章及5000万日元奖金。

稻盛和夫曾说："企业经营的首要目的是实现员工的幸福生活，但是，如果仅仅如此的话，那将是某一个企业牟利的自私行为。作为社会的公器，

企业有着为世界、为人类尽力的责任和义务。"任何企业都以较高的热忱，去关注社会发展，履行社会责任，积极回报社会，这样的企业才能够长久发展，才能基业长青。

如今，越来越多的优秀企业在积极参与和推动社会公益事业的发展。一些基金会也非常注重与企业合作，在其营销推广中加入募款内容。富有号召力的明星更能成为积聚捐助人的一大招牌，其中表现出色的有李连杰先生的壹基金。

壹基金年报披露，在成立第一年接受的1067.7万元捐款中，有19%由个人通过汇款、手机短信、贝宝和腾讯网络捐赠。不久后，个人捐款占比迅速上升至60%，网络支付也增加了财付通、支付宝、快钱等新渠道。

此外，壹基金还获得电影《赤壁》、瑞士名表DeWitt（帝戚）合办的慈善晚宴募得的100万元善款，并吸引了微软、俏江南等企业捐资。

在募资方式上，壹基金除了采取吸纳会费、提供服务之外，还出售服饰、书、徽章等纪念品。2008年7月，壹基金与万宝龙合作推出了30支限量版墨水笔，每售出一支，万宝龙向壹基金捐赠5000欧元。壹基金与企业的合作创造了更多的公益推广与履行社会责任的机会。

在社会公益活动中，企业不仅是在履行自己所应承担的社会责任，同时也是在传递企业文化，树立企业形象，推动企业更好更快发展。而践行公益之举无疑是一种非常好的途径和方式。

2. 拓展企业文化传播范围，在国际化发展中传递企业文化

随着企业发展越来越快，很多企业会进入国际市场。在国际市场竞争中，企业更要建立自己的文化，并用开放、包容的态度传递企业文化。华为在国际市场上的竞争优势也是其企业文化影响的结果。

在海外市场打拼多年后，华为公司在海外市场的收入在2005年首次超过在国内市场获得的收入。根据华为公司公布的数据，华为公司2018年的市场收入达1052亿美元，约7000亿元人民币，比2017年增长了20%，其中欧洲、中东、非洲的收入多达256亿美元。华为手机在2018年出货量为2亿多部，有一半订单来自海外市场。2019年，受美国贸易禁令的影响，华为在海外市场上遭遇了严重的冲击。然而，在这样极限黑暗的时刻，华为却宣布其曾经打造的"备胎"技术与器件"转正"——在海外市场推出HMS（华为终端云服务）系统代替谷歌的GMS系统，以此确保了华为能够兑现为客户持续服务的承诺。截至2020年1月，华为HMS系统已在170多个国家和地区投入使用，月活跃量用户达4亿。

华为公司之所以能够在海外市场取得不俗的业绩，这绝非仅靠运气，而是靠实力争取来的。在《华为人报》第207期上，曾经刊登一篇名为《我们的岗位在科特迪瓦》的文章，记录了华为在科特迪瓦奋斗的勇士故事：

科特迪瓦是西非疟疾高发地区，疟疾通过蚊虫转播，几乎难以防范。人一旦被传染，便会高烧不退，对身体的伤害非常大。华为驻科特迪瓦代表处超过2/3的员工都得过疟疾。有一位名叫陈钊的员工，一年得了四次疟疾，但他始终保持着乐观的工作态度，甚至戏称自己是"疟疾之王"。每一个驻科特迪瓦办事处的华为人都没有被吓倒——疟疾来袭，便坚强面对；病情稍有转好，便再次出现在自己的岗位上。他们的坚韧不挠，让非洲人民享受到优质的网络信号。

企业可以考虑招募当地员工，而在这个过程中，也可以拓展企业文化的传播范围，并更好地获得企业文化传播和企业形象塑造的效果。

在国际化发展的过程中，为了快速而有效地适应企业在不同地域的发展需要，企业还应以包容、开放的心态吸引当地员工融入企业。作为企业员工，要以堪称榜样的一言一行去传递企业的文化，让当地员工对企业倡导的文化形成清晰的认知，使之逐渐融入企业中并遵守企业文化。同时，要谦虚地吸收世界各地的优秀企业文化，并使自身得以持续完善和升级。这种做法是值得广大企业深入学习和广泛借鉴的。

3. 评估公益与商业关系，把握边界，努力打造社会企业

传统非营利组织与传统商业机构的初始目标是有所差异的，但是在社会变革的环境下，为了实现"可持续性的发展战略"，这两种组织形式朝着"社会创业型"或"社会负责型"这两种状态靠拢。中国公益创业研究中心曾绘制了一副社会公益创业光谱图（见图1），以此呈现公益与创业的关系。

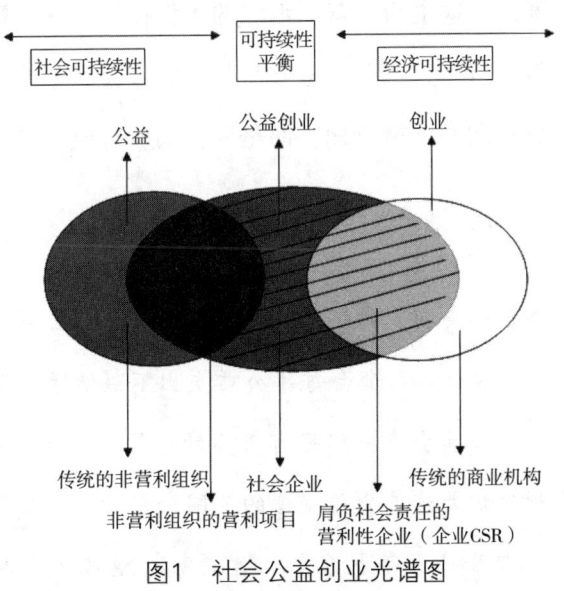

图1　社会公益创业光谱图

借助图1，我们可以更好地理解企业发展公益与商业运作之间的关系：企业的公益和商业投入产出对应着企业获得的社会效益和经济效益，社会可持续性对应的是企业获得的社会效益，商业运作则对应的是企业所能获得的经济效益。企业在文化设计与业务选择时，其倾向于哪一方面（是侧重于公益，还是侧重于商业运作），直接影响着其资源的布局和倾向性投入的多寡，由此形成截然不同的企业行为表现，构成企业的特殊属性：是非营利组织、非营利组织的项目，还是传统的商业组织、肩负社会责任的营利性机构，抑或是社会企业。

如果企业侧重于商业运作、追逐利润最大化，那么它可以在商业活动中努力承担社会责任，兼顾股东、消费者和国家利益。当然，企业还可以侧重于公益，将企业的社会责任升级到企业战略公益，把公益元素渗透于产业链的每一个环节，并用社会影响力来解决社会问题，这便成为社会企业——以社会利益为先，把赚钱放在第二位的企业。

从另一个角度说，这也给非营利组织的运作提供了一个新的思路：公益未必是无限烧钱的行为，也可以考虑从某种为社会服务的方式去实现利润；但是，这部分利润并不被分配，而是为社会所有或为日后的公益活动储备资本。

根据《基金会管理条例》的规定，公募基金会每年公益支出不得低于上年总收入的70%，非公募基金会每年公益支出不得低于上年基金余额的8%。这意味着，公募基金会手中仍握有30%的募款——如果能够将其投资增值，这无疑有利于扩大慈善公益覆盖的范围；对于非公募基金会，如果不希望基金缩水，其资产每年也需实现增值8%（这尚未计入通胀因素）。

从这方面来看，即使是基金会这类非营利机构，也有必要考虑通过某种商业运作模式去创造利润。

在中国，基金会过去大多选择购买国债、银行存款的方式进行投资增产；但是，随着中国进入减息周期，一些大型基金会已经开始尝试介入资本市场。中国人口福利基金会2006年的投资收益亦达81万元。当然，大多数基金会对于投资是抱持比较审慎的态度的。

2005年，参加年检的84家基金会投资收益共为3717万元，平均每家44万元。其中，55家投资收益为零，10家超过百万元，清华大学教育基金会以828.56万元居首，排名第二的北京大学教育基金会近740万元，中国航天基金会以391万元居第三，中国青少年发展基金会的投资收益为371万元，而中国听力医学发展基金会则亏损了32万元。这里特别值得关注的是，于1994年成立的清华大学教育基金会。该基金会的原始资金为2000万元，2006年捐赠收入1.5亿元，截至当年年底时的累计投资收益便已经达到1.12亿元。此后，清华大学教育基金会的投资收益一直非常乐观。

在互联网商业时代，企业和社会公益组织在进行商业运作时，要重视自身应承担的社会责任、公益之行与社会贡献；要敢于尝试用公益的手段进行商业运作，打破陈规，探索新的组织（营利与非营利组织）发展形态……这会给整个社会带来更大的创意空间、发展公益事业和更多地获取文化红利的机会。

依循正道经营，明确新时代企业与企业家的使命担当

从企业内部运作的角度来说，追求盈利、保证企业利润、呈现企业家的使命担当、确保利润获取与利他之间的平衡，这是企业存在的要义，也是企业家的重要责任。

1. 蹈行正道，有序规范经营，坚决规避商业投机之心

蹈行正道是"人生的王道"，是所有人的职责所在。企业处于社会之中，在企业经营时也应以"蹈行正道"作为基准。

（1）无视"正道"，必然会走上歧路

关于"正道"，有人给出这样的定义：正道是指为人处世的行为规范与基本道德，如诚实、谦虚、努力、博爱、正义、公平、正直、不欺骗等。这些看似质朴无华的教诲之言，即"正道"。虽然"正道"似乎是"本应如此"的，但在现代社会中，很多人却难以蹈行"正道"——很多人"不知正道为何物"，或视之如敝屣，不屑于去遵循"正道"。

稻盛和夫曾描述这样的一种现象：当人们开始坚持正确之道时，有的人却畏缩不前，不敢据理力争，担心给自己造成不利影响；或者周围有人劝导"如果太过于严厉，大家都跟着你受累"时；或是当他人请求自己去

做与自己信念相左之事时,担心自己因严词拒绝而被斥为"冷血"。于是,人们便放弃了坚持正道的信念。

事实上,如果人们坚持的信念或事情是合理的,那么完全不必为之担忧。对于一个人(无论是一个企业的领导者还是一个普通的工作者)来说,只要他选择了一条被自己判断为正确的道路,那么无论他面临怎样的窘境,他都会心甘情愿地沿着这条道路坚定地走下去。

对于一个企业来说,唯有身在其中的人都达到如此境界,企业才能稳健经营、逐步奔向成功的目标。故而,任何致力于企业未来发展的经营者,绝不应为求得眼前利益而畏缩不前、感情用事;而应遵循正道之念,并身体力行地带领企业成员一起去贯彻这个信念。

(2)明晰正道,遵行律己伦理观

近年来,时有一些企业非法公布虚假年报、制作粉饰业绩的假账等丑闻被爆出。如果这些企业提供真实的年报,可能会遭受一定的经济损失,比如退税额少、股票价格下跌等。所以,这些企业决定篡改数据,产生了非法蒙骗、不遵守经营伦理等问题。

其实,出现这样的问题,其原因在于:经营者缺乏奉行正道的律己伦理观。虽然人们在头脑中知道基本的伦理思想,但这些思想内容并未真正意义上转化为深入其内心的精神理念,未能成为实实在在的行为指引。所以,在一些情况紧急的关头,他们会毫不犹豫地采取一些欺骗大众的行为。

早年,稻盛和夫在经营日本京瓷公司时,非常注重公平、公正、正直等质朴的价值观念。即便如此,在开展阿米巴经营模式的企业里,仍然出现过欺骗之类的事情。当时,部分阿米巴的领导为了维护自己部门的经营业绩,避免遭到自己上级以及周围人的指责,公然掩饰事实,对生产质量不佳等问题隐瞒不报。

从京瓷公司的整体经营效果来说,似乎不能说部分阿米巴领导在管理智慧上有所不足。事实上,他们是错误地使用了自己的智慧,才出现了这些让人难以预想的问题。

实践证明,企业的经营者必须具备与之相称的人格,这才是真正的大智慧。而他们自身具有和呈现的经营品质,会使企业随之呈现对应的企业文化氛围。这也给我们一个启示:企业经营者必须依循正道行事,避忌盲目投机,这样才能实现企业上下勠力同心,在正道上为企业打造一个光明的未来。

2. 规避刻意追逐利润的利己主义,让利润自动跟随而来

为了确保企业的持续生存和员工的良好发展,追求利润成为企业的一种必然行为。稻盛和夫曾提出一个非常有趣的观点:追求合理的利润,并让合理的利润自动跟着企业跑。

那么企业应该怎么做?企业可以考虑两个方面内容:一是确保企业经营流程的顺畅,通过技术创新与研发,长期而持续地为客户提供一些具有高价值属性的产品;二是规划合理的产品价格区间,减轻客户的经济负担,使客户具有方便的途径,主动与企业建立关联。

有这样一个人,他在经营和发展第一家企业时,将"客户为先、薄利多销、童叟无欺、诚信为本"作为企业主要的经营目标。最初,这家企业的产品所获得的利润非常微薄,人们都觉得这家企业必然会因亏损而破产倒闭。

没想到，这家企业竟然在数月后开始盈利了。与其他同行的企业相比较而言，这家企业所销售的商品具有物美价廉的优势，这使得该企业很快打开了市场，被越来越多的客户喜爱。虽然在保证高质量的同时降低单件产品的利润，这损害了企业的单项利润收益，但是，客户总量和销售总量的增加却使其盈利值反而远远高于其他企业。

随后，其他企业纷纷效仿，大打价格战。此时，该企业凭借已经建立的口碑，留住了大量顾客。同时，该企业开始推进产品的更新迭代，将新一代产品推向市场。

这种以满足客户需求为中心的经营方针，为这家企业吸引了大量客户。而客户总数量的增加，使该企业落实了薄利多销的策略，收获了更多的利润，继而使得该企业获得了更好的发展机会。

值得一提的是，企业经营者在企业发展过程中切忌被利益蒙蔽了双眼，通过不法手段来实现获利致富的目的。

以第一次石油危机时期为例，一些日本企业的经理人肆意囤积货品、提高价格，以期获得暴利。这一行为严重损害了消费者的利益，使得日本民众怨声载道，生活难以为继。不久，日本政府出台了《独占禁止法》，增设公平交易委员会。而那些牟取暴利的经理人们则因触犯法律而受到了法律的制裁。

所以，企业经营者必须认识到：在这个鼓励自由竞争的市场环境里，企业既要追求收益，又要确保利润的合理性；既要追求企业的利润，也要关注消费者和社会的利益，绝对不能为了一己之利而损害消费者和社会的利益。这样的企业文化才能为社会所认同和称赞，企业才会自然而然地收获更多的利润。

3. 把握新时代的突出特征，明确企业与企业家的使命担当

企业家是经济活动的主体。作为促进新时代社会发展的重要力量和稀缺资源，中国企业和企业家应有新使命、新担当，弘扬优秀的企业家精神，更好地发挥企业家的作用，在实现自身价值的同时，为社会发展作出积极贡献。那么，新时代的企业家应该承担起怎样的使命，为社会创造更大的价值呢？

从国内企业的探索实践来看，那些可持续发展的企业大都专注于"三性"，即市场的广阔性、竞争的差异性和专业的精益性，有效地应对发展中的各种不确定性，进而走上可持续健康发展的道路。在企业经营实践中，所有新兴技术、模式的创新及应用都是基于这方面的理性推进。比如，为了实现企业的理想、目标与追求，企业要不断创新，使得企业的产品和服务能够更好地满足客户的需求变化。又如，企业要坚持合规合法的原则，展开诚信守法的市场竞争活动，从而树立正面的企业形象。再比如，企业作为社会主体的要求，要积极履行社会责任，继而赢得社会民众的广泛认可和尊重。

从企业家行为表现来看，中国有很多优秀的民营企业家——他们主动学习，敢于尝试，积极创新，能够以敏锐的眼光去捕捉未来的市场需求；他们能够义利兼顾，关爱企业成员，扶助社会弱势群体，积极履行社会责任。恰恰是这些优秀的企业家品质，使得他们能够以一股强大的精神力量，带领整个企业创建一套灵活高效的、市场化的管理机制，准确地捕捉市场经济发展的可能性和企业切实盈利的机会。

  从企业的角度来说,企业若想在市场中持续发展下去,就必须能够持续实现盈利目标,以预期的利润去取得企业正常运作与持续发展的机会。因此,任何一个企业都应自上而下地坚定贯彻其企业文化,以端正的企业家精神传递企业文化的精髓,引导企业成员同行正道,秉持利他之心与发展之心,积极履行社会责任,同时实现企业效益的获得与转化。

第三章
落地企业文化

在实践中，唯有让企业文化落地，让企业文化成为每位员工的信仰，企业员工才会自然而然地向外界呈现其文化风貌与文化底蕴，企业才能以具有吸引力的文化吸引消费者、合作伙伴乃至社会大众。若要实现这个目标，企业必须做好内部经营的控制，让每一个企业成员都深度认识本企业的文化内容，将企业文化内化为自己的一言一行，自发地传递企业文化，进而创造属于企业的独特红利。

打造企业独特的文化品格，促进企业文化的有效内化

实现企业文化的内化，首先要确保企业文化本身是独特的，在被解读之后能够获得企业成员的认同。这便要求企业做好企业文化的锤炼，并确保其文化内容是有助于激发员工的思想认知、统一其价值观、提升其工作热情的。这样，才能实现企业文化内化，并锻造出积极的个体行动力。比如，华为倡导艰苦奋斗的企业文化，而华为人也多具备并散发着这样的文化气质，进而在外界眼中形成了对应的形象评价。甚至于很多离职的华为人身上仍然打着华为的烙印（比如行事低调，做事有方法、有步骤，韧性好，执行能力强等），他们仍然对华为"胜则举杯相庆，败则拼死相救""烧不死的鸟是凤凰"等文化感到自豪，并实践到自己的日常行为中。

为了促进企业文化内化，实现文化理念认同到行为自觉的转变，企业必须关注员工的思想认识变化，分解企业文化理念体系，确立文化素质词条，做好文化理念的萃取和共识工作。

1. 借助企业文化影响员工的思想，推动企业发展

美国著名管理学家巴纳德曾说："组织的原动力来自组织成员贡献的意愿和能力。"对于企业而言，其购买的仅仅是企业员工的劳动时间，最终需要的是企业员工的劳动付出和成果。因此，企业必须将更多的精力放在强

化员工体验上，提高他们对企业的信任感，如此才能得到企业员工的诚意付出。

一般而言，在企业员工刚刚进入企业组织时，他们往往带着自己原本的思想、行为方式，比如懒散、惰怠、不良工作习惯等。此时，企业就需要借助良好的企业文化，营造积极向上的组织氛围，影响和凝聚企业员工，使之适应企业环境与组织要求，共同推动企业持续健康发展。

事实上，企业文化的精髓是隐藏在企业员工头脑中的假设和价值，由于这些假设和价值的存在，企业员工才会依据特定的形式去执行企业的事务。由此可以看出，真正影响一个企业选择管理模式的，恰恰是存在于人们思想中的价值追求和文化信仰。而一个企业如果能够将领导者头脑中的理念转化为企业共同的价值取向，那么就能建立起统一的行为准则，获得推动企业员工主动作出贡献的能力。

在创立京瓷公司前，稻盛和夫曾在松峰工业公司工作。当时，这家公司连年处于亏损状态，连工资都不能及时支付。工人们担心自己的利益不能得到保障，故而经常性地组织罢工活动。而企业与工会也经常出现一些纠纷与斗争。

稻盛和夫所在的办公室主要负责开发新型陶瓷材料的任务，由于公司缺乏必要的研究设备，他想要创造出色的研究成果，工作者应该抱有一种什么样的心态来投入工作呢？如果是自己，又该如何去管理一个企业呢？

在思考过程中，稻盛和夫慢慢意识到，松峰工业公司经营不善很大一部分原因在于企业没有用统一的价值观引导全体员工朝着企业期许的方向努力，导致公司本身发展受限，员工利益也得不到满足，最终产生员工和企业之间不可调和的矛盾。稻盛和夫也开始意识到作为企业的管理者应该牢牢把握一个公司的经营方向，有自己的经营理念，才能引导所有员工建设好公司。

稻盛和夫每当有所感悟时，便把自己的想法记录在一个用于研究实验的笔记本上。他创办京瓷公司后，依然保留这个习惯，在笔记本中不断地添加自己在经营中产生的新感悟，并将这些感悟重新加以整理。在这一过程中，稻盛和夫深刻地领悟了有关工作和经营的基本理念、思维方式以及具体执行方法，最终形成了属于他的经营哲学。京瓷公司的全体员工在他的经营哲学的引导下，拥有了共同的思维方式和行为准则，京瓷也因此获得巨大成功。

京瓷公司的成功无不印证了企业文化之于员工的影响，同时启示企业管理者：可以借助企业文化的传递，塑造员工对企业组织的归属感和认同感，激励员工自发地为企业组织贡献自己的力量，与企业同呼吸、共命运。

实践表明，那些接收企业文化的员工，会更加认同企业的发展目标、经营理念、制度规范、环境氛围等，表现出更积极的工作态度和更强烈的责任意识，发自内心地为企业取得的成就感到自豪，自发地忠诚于企业并维护企业的良好形象。

布莱恩·克莱门斯是美国一家有线电视公司的一位工程师。有一天，布莱恩到一家销售器材的店铺购买材料。在器材店里，他无意中听到有人在抱怨，称他所在的公司提供的客户服务非常差劲。顿时，有八九个店员都围在这个发牢骚的人身边，听他谈论着。

布莱恩当时可以做出多种选择。当时,他正在休假,而且他自己还有很多工作要做。他完全可以选择视若无睹,只管做好自己的事。但是,布莱恩走过去,对那位客人说道:"先生,真是抱歉,我刚才听到您对这些人倾诉的抱怨之词。我正是您说的那家公司的工作人员。您是否愿意给我一次机会,改善这种情况呢?我向您保证,我们公司一定竭尽所能地解决您遇到的问题。"那些人听到这句话非常惊讶,因为布莱恩当时并没有穿公司的统一制服。布莱恩快步走到公用电话旁边,给公司打了一个电话。公司负责人员立刻安排专门的修理人员,迅速抵达那位客户家中,直到帮他彻底解决问题。

事情还没有结束。布莱恩回去上班后,还打了一个电话给那位客户,以确保客户对公司所提供的服务是心满意足的。

事实上,员工因文化认同而触发的一切举动,都会对企业外部形象形成非常明显的维护效果。很多优秀企业的各类员工都非常注重自身的言行举止,而且他们会竭诚为客户服务,努力塑造和传播企业的优秀形象。当他们发现自己所在企业的形象受到某种程度的损害时,便会毫不犹豫地挺身而出,想办法采取补救措施。这也是企业文化在内部传递的重要作用所在。

2. 解析企业经营的活动,提纯企业文化的属性标签

为了确保高标准、高质量地表达自己的企业文化理念,企业可以通过解析企业日常经营策略和日常工作行为等方式,对企业文化的基本属性进行提纯,让企业文化真正有效地传递企业的优秀品质特征,打造与经营实践相适应的文化标签。

文化红利

为了保障企业文化的导向和渗透功能，企业应仔细研究影响企业文化的因素，如自身经营状况、各部门工作情况、所在区域历史特点、人员构成、管理现状等，找到本企业的文化特点所在。然后，对最具特色或个性特点、符合时代要求的要素进行重点设计和提炼，打造文化标签。

2019年10月，某公司开始组织对文化理念的萃取工作，并成立了专门的企业文化理念萃取部门。该部门人员专门负责收集和整理该公司的相关资料文件（主要涉及经营状况、制度条款、工作流程、行为标准以及管理现状等多方面的内容）。

分析资料后，该部门人员发现了公司一个非常突出的情况：该公司平时非常注重标准化管理，其管理体系正在朝着目标科学化、责任清晰化、业务流程化、措施具体化的方向发展，所有成员都在努力按照程序履行职责，按照制度规则行为处事。据统计，该公司在过去的一年里，共计完成30项业务的标准化、20项制度的更新、10条管理流程的优化、50个创新活动的高效落地。与此同时，该公司还建立了企业基础信息分享的大平台，收集了很多相关产业、行业的数据和标准等内容，深度挖掘大数据的终极价值，最大限度地实现信息共享。

该部门人员意识到：公司进行的这些经营实践和管理实践，非常突出地呈现"精益化管理"这一特点。

同时，该部门人员也在基层员工的调研中发现：大部分员工已经越来越明显地认识企业标准化和规范化的状态和趋势，但是对于如何选择文化标签来形容和定位并不明确。所以，该部门人员决定将"精益化管理"作为该公司的企业文化标签之一。随后，该公司全面开启企业文化宣传工作，员工们也很快对企业文化有了清晰化的认知。

从案例中可以看到，这家公司正是通过系统解析其日常经营行为，提炼出与其经营活动匹配的文化标签，使得人们对企业文化形成了深刻的认知，进而推动该公司企业文化建设工作的进一步开展。

3. 对文化标签实施再确认，进一步锤炼企业文化的内容

在企业文化标签提出之后，可以面向基层工作人员，再次确认文化标签提炼的准确度，进一步拓展和细化企业文化的内容。

（1）提炼具有典型特征的文化素质词条

在现场访谈和问卷调研的过程中，通常不适合直接提问诸如"您认为我们公司有哪些文化特质"这类比较直接且让人不易具体回答的问题，而应该针对某种可描述的工作行为、工作流程、工作现状等，有针对性地提出问题。

2019年，一家公司开始对其销售部员工进行系统调研，深度解析销售部员工身上体现的文化素质。在分析销售部员工的工作行为时，该公司发现：全体销售人员都非常重视客户需求，能够竭尽全力地去帮助客户解决问题，全心全意地为客户服务。

这主要体现在五个方面：一是销售部员工在任何情况下，都会耐心地倾听客户的咨询、要求甚至抱怨，并及时地回应客户，解决客户遇到的常规性问题。二是销售部员工会与客户保持沟通状态，确保在客户需要帮助的时候能随时与之取得联系，能够为客户提供有帮助的信息，且针对客户满意度情况定期开展调查活动。三是把满足客户需求视为自己的第一工作任务，并为满足客户需求而投入对应的时间和精力。特别是当常规的产品和服务已经难以满足客户的基本需求时,就需要员工想出各种办法,力求为客户提供具有个性化的产品和服务。四是关注和了解客户的各种潜在需求,致力于开发各种更加符合客户需求的产品和服务。五是销售部员工所担任的角色是"客户长期顾问",需要为客户提供更多增值服务。

通过上述对销售人员行为的系统分析,该公司确认:将"客户导向"作为公司的文化标签是准确的。同时,该公司对这个文化标签给出了进一步的定义:"能够关注外部客户不断变化的需求,竭尽全力帮助和服务客户,为客户创造价值。"

本案例中的这家公司,通过分析销售部员工的工作行为,进一步提炼出"客户导向""关注细节"等行为特征,并将其作为企业文化的关键词,即文化标签。这既符合该公司的实际情况,又为该公司员工的工作实践提供正确的指引。这种做法是非常值得借鉴的。

(2)进行价值排序,确立核心价值观

很多企业都存在这样的情况:并非该企业的所有文化理念都可以被放入同一套文化理念体系之中。这是因为,企业的一部分文化理念之间是对立、排斥、不兼容的关系,因而需要对部分不适宜的文化理念予以放弃。此外,还有部分文化理念之间表现为因果关系。这些因素都导致企业需要对文化中的各类理念进行科学排序。

一般而言,企业需要将自己的核心价值观排在第一位。不同企业的侧重点不同,比如:有的企业认为应将客户放在第一位,有的企业则认为应将股东利益排在第一位;有的企业将成功归功于技术,有的企业将成功归功于坚持的热情……这使得他们对文化理念的价值排序有着不同的呈现。

国内外管理学界根据某些企业的实践经验,总结出一些企业文化内容的价值排序理论。比如,"人"的价值高于一切"物"的价值;客户第一、员工第二、股东第三;"客户"的价值高于"技术"的价值;"共同协作"的价值高于"单打独斗"的价值;"集体"的价值高于"个体"的价值;"为社会服务"的价值高于"取得利润"的价值。这些理论未必适用于所有企业,但我们可以对这些基本排序理论加以参考。

企业在进行价值观念排序实践时,需要特别注意以下内容:(1)能够指导全体员工每一天、每件事的最高指导原则;(2)企业家、总裁的人生理念和经营哲学;(3)关于输出质量、员工、顾客、市场、诚信道德、社会责任等维度的价值理念。这些内容都是值得关注的价值观念内容。

此外,价值理念的表达也要符合当下的时代特征。我们应尽量以词或短语的形式,精简地表述价值理念;如果条件允许的话,还可以辅以相关的企业故事或案例来描述企业文化价值理念。这样设计出的企业文化体系才更容易为员工所理解,进而成为整个企业遵行的行为标准。

将文化纳入企业经营管理之中，将企业文化刻入身心

要想让文化切实纳入企业经营管理之中，最有效的办法就是：将文化融入企业的运作流程与管理制度中，用流程与制度来承载文化的有效落地。那么，企业应如何建立这样的制度体系呢？一般而言，企业可以通过三个步骤来实践。

1. 分析企业活动价值链，把握文化导入制度时的关键点

为了确保企业文化落实到企业经营活动的各个环节中，企业可以系统梳理各业务流程的活动价值链，并基于企业活动价值链，建立或完善企业的制度体系。

为了让企业文化落实到公司经营管理活动的各个环节中，某公司在制订文化建设工作计划时，系统梳理了战略与经营管理、产品管理、渠道管理、门店管理、组织管理、行政管理、人才管理、考核激励管理、财务管理、文化管理、客户管理等主要业务流程中的价值活动。其中关键价值活动与内容包括以下方面：

（1）战略与经营管理，其关键价值活动包括：组织战略解码、经营目标制定与下达、经营规划拟制等。

（2）产品管理，其关键价值活动包括：产品调研及竞品研究、经销商政策、终端政策等。

（3）渠道管理，其关键价值活动包括：经销商合同拟定、审批，经销商回款、调货，产品铺市策略执行等。

（4）门店管理，其关键价值活动包括：门店促销政策拟定、门店赋能培训、门店投诉处理等。

（5）组织管理，其关键价值活动包括：流程体系优化、优化组织架构、责权利统一等。

该公司在系统梳理各个业务流程的关键价值活动后，根据"制度与文化梳理"的基本思路，逐条对比并分析现有的管理制度，提出"现有管理制度是基于文化的融合"的改善建议。

与此同时，该公司还发现：部分业务流程中的部分关键价值活动仍然奉行"经验主义"管理模式，缺少了明确的制度约束力度。例如，在门店管理活动中，不同的地区、不同的门店都有自己的管理制度，这一现象导致部分门店的客户满意度相对较低。

通过系统梳理各关键价值活动以及对应的制度标准建设情况，该公司不仅发现了现有制度与文化之间的冲突点，还发现了公司业务流程与关键价值活动中存在的诸多问题与不足。这些情况的发现，为公司推进文化制度的优化与完善提供了一系列可靠的依据。

在企业文化建设实践中，企业不妨借鉴这种方式，系统梳理各业务流程环节的关键价值活动，以企业文化理念为指导，找出各业务流程环节与现有管理制度中的改善点；同时，检验各业务流程的各关键价值活动是否都覆盖统一的制度标准，对照企业的既有文化理念，有针对性地优化对应的管理制度，以系统地提高企业的总体管理水平。

2. 将企业文化融入制度与流程中，使文化在规范管理中落地

对于员工来说，业务流程与管理制度是属于企业的硬性要求。如果企业文化能够自然而然地融入流程与制度之中，那么企业文化便会在企业的规范化管理过程中扎实落地。

在企业管理实践中，人力资源管理是非常重要的一个方面，因此企业文化自然也需要渗透到人力资源管理的各项工作中。以华为的人力资源管理为例，华为将"以客户为中心、以奋斗者为本"作为其人力资源管理制度设计的中心。围绕这一点，华为主张：人才能为公司创造价值。企业要挖掘员工的潜力，使之最大限度地为客户和企业创造价值。因此，华为在设计组织绩效、个人绩效、战略管理等制度时，都紧紧围绕"以客户为中心"，充分激发员工的工作积极性和价值创造能力。

在此基础上，华为公司主张对员工的贡献作出公正、公平的评价。为此，华为在价值评价方面，始终坚持以"责任结果"为导向，并制定相应的职位评价、任职评价、绩效评价制度。而后，华为公司会根据评价结果进行员工激励。在这方面，华为坚持"不让奋斗者吃亏"的基本原则，在薪酬管理制度、福利分配制度、人才发展制度等方面都坚持"以奋斗者为本"，将资源向优秀的奋斗者倾斜。

这种制度建设实实在在地传递着华为公司的奋斗文化，并极大地影响着华为人的言行——无数优秀的华为人义无反顾地奔赴一线，不畏艰难困苦，全力奋战，实现"力出一孔"。

在将企业文化融入制度的过程中,要特别注意:将文化渗透各业务流程中。这样,才能使每一位员工都能严格按照统一的标准做事,按流程步骤运作,按制度要求行事,进而使人们能够按照企业预期做出行为表现和行为结果,同时避免人们进行不必要的探索,让企业整体运作更加精细化、精益化。

某公司一直倡导"严格细致"的文化理念。然而,在进行新员工培训时的工作流程却非常混乱,比如各部门使用会议室进行新员工培训常常存在冲突,影响工作效率。一些新员工提出了质疑:公司倡导"严格细致"的文化理念,为什么会议室预定问题却长期如此混乱?

对此,该公司行政部予以了高度重视,收集了各部门的会议室使用情况和员工培训事项等,设定了细致的新员工接待制度,并把这项工作统一归行政处负责。根据制定的《新员工接待制度》,仅需要一位行政人员就可以按照预先制定的统一标准,全面安排好接待工作。这样一来,不仅可以解决会议室使用问题,还解决了各部门的人力浪费等问题。

经此一事,行政部特别向所有员工强调:公司会坚定不移地贯彻"严格细致"的文化观念,在日后的管理实践中不断完善管理制度。此外公司也鼓励员工积极发现企业的现存制度与企业文化之间的矛盾之处,并提出有助于制度完善的可行性意见和建议。

对于企业来说,并非建立了制度体系,使之覆盖所有活动价值链之后,就宣告大事已毕。如果制度未能在企业内得到有效而严格的贯彻执行,那么所谓的制度与流程便完全沦为纸面工程。因此,企业必须通过各种手段的辅助，确保制度能够得到严格执行，使得企业上下能够从最初的文化认同发展至个体"自觉行为"。

3. 遵循有效的模式，实现员工对企业文化的行为自觉

企业文化的落地过程，实际上是从"知"发展到"信"，再从"信"发展到"行"的过程。在这个过程中，"知"是指企业上下了解或理解企业文化的内容，这是企业文化落地的基础；"信"是指企业上下认同企业文化的内容，这是企业文化落地的动力；"行"是指企业上下能够将企业文化付诸行动，这是企业文化落地的最终目标。在企业文化建设中，为了让企业文化能够扎根于员工内心、落实到员工行为，企业可以借助一整套的"知—信—行"发展模式，有层次、分阶段地推进企业文化的建设工作。

（1）知：让企业文化耳熟能详

在"知"的环节的目标是：让企业所倡导的文化理念被管理者精通、被员工熟悉并理解。

在企业文化建设的"知"阶段，企业通常需要借助正式、非正式渠道等多种传播手段。具体而言，企业在这一阶段里首先要制定《企业文化建设工作规划与实施细则》，让全体员工明确企业文化建设过程中的阶段规划、重点任务、行动计划，并积极主动地落实、落细自己应当承担的工作责任；同时，企业要着手萃取符合企业实际的文化理念，印发企业文化手册。然后，结合工作重点和广大员工关心的热点问题，通过会议、讲座、竞赛等多种形式去宣贯文化手册中涉及的各类内容，以确保员工能够深度理解企业文化理念。

（2）信：把文化理念变成企业信念

在"信"的环节的目标是：让企业所倡导的文化理念能够变成被企业全

体成员认可的观念。

在企业文化建设的"信"阶段,这个目标的实现通常需要借助制度融合、示范传承、教育培训等多种方式。具体而言,企业在这一阶段里要以企业文化理念为指导,完善和优化各项经营管理制度,实现文化理念与管理制度之间的深度融合。同时,制定一系列企业培训计划,打造企业文化教育培训的内容体系,培养一支有足够能力去开展文化培训的师资队伍,以多样化的教育培训形式为主要载体,使员工最终能够对企业文化形成认同感。

(3)行:将企业信念转化为行为习惯

在"行"的环节的目标是:让全体员工自觉地、有意识地践行企业所倡导的文化理念,将文化理念变成日常行为习惯。

在企业文化的"行"阶段,这个目标通常需要通过行为规范建立、考评激励、融入业务等手段来实现。具体而言,在这一阶段,企业可以制定系统而严密的员工行为规范与量化细则,并建立企业文化建设评估机制,力求让员工有标准可循,考核人员在考核时有标准可依。此外,企业还可以通过选择恰当的标杆人物、建立激励机制等多样化的手段,全面营造积极主动的实践氛围,促使员工将企业文化理念真正落实到日常行为当中。

当然,在实际操作中,企业可以根据实际情况在各阶段采取不同的措施,促进企业文化的切实落地,力求对员工的思维方式、价值判断、行为模式等方面都能产生深刻的影响,最终使企业上下实现从最初的企业文化理念认同到行为自觉的真正转变。

借助自上而下的文化宣导，打造企业上下的共同气质

从文化宣传与效果把握的角度来说，企业宜选择自上而下的文化宣传方式，让企业成员散发出一种共同的文化气质。一般而言，企业可以从以下几个方面进行把控。

1. 组织关于企业文化的思想碰撞，使全员深刻理解企业文化

在提炼企业文化理念的过程中，企业要发挥全员参与的精神，组织全员进行充分的价值观讨论和思想碰撞。

华为公司在企业文化建设中是非常重视引导全员进行文化讨论和思想碰撞的。1995年9月，华为公司发起了"华为兴亡，我的责任"的企业文化大讨论活动。在后来的企业文化建设与发展过程中，华为公司形成了自己独特的文化，华为人也常把"华为文化"这个词挂在嘴上。但是，华为的企业文化到底是什么？是否可以用一些关键词来概括一下呢？当时的华为人对企业文化并不太明确。经过一番讨论，众人提出了一个"有福同享，有难同当"的概念。但是，华为创始人任正非对此并不认同。他认为，这个概念展现的是一种封建意识。这使得很多领导干部和基层员工都对华为的文化感到非常迷惑不解。为了彻底解决这个问题，华为组织了"华为基

本法"的起草工作。

"华为基本法"的起草过程同样是一个全员大讨论的过程。首先，由中国人民大学教授在专家组内部针对"华为基本法"的基本结构进行了深入的探讨，并将他们的讨论结果提交给任正非进行审核。随后，专家组根据任正非的审核建议，再次细致地研究了 IBM、英特尔等国际知名企业的企业宗旨和行为准则，而后拟定了"华为基本法"的理论概念与基本框架。

随后，专家组开始开展对华为高层领导的访谈工作。在充分吸收华为高层领导提出的诸多重要观点之后，专家组发布了"基本法（第一稿）"。华为公司的各级干部与员工以极大的热情投入讨论，提出了各种各样的修改建议和意见。就这样，专家组不断地更新"基本法"，不断地吸取着建议和意见。特别值得一提的是，公布"基本法（第四稿）"时，恰巧临近春节。于是，在那一年的春节期间，许多华为员工的家庭都在讨论"基本法"的内容。当然，为了让"基本法"的讨论更加深入，华为公司还想出了不少的办法。比如，华为中研部针对"基本法"中的一些关键命题举行了辩论会，吸引了很多华为员工的积极参与。

就这样，直至1998 年 3 月，数易其稿的华为公司"基本法"终于面世了。

如果追溯起来，华为公司"基本法"从筹备、起草到面世，整个过程经过了 3 年时间。在这 3 年时间里，华为公司在内部展开了一次次浩大的价值观讨论和思想碰撞。这使得华为上下统一了思想认识，提高了员工凝聚力，同时找准了华为未来的发展方向。可以说，关于华为价值观与文化思想的大讨论，在统一员工思想等方面发挥了不可估量的作用。即便是任正非本人，也对华为公司的未来发展进行了一次系统性的思考。

2. 加强文化阵地和氛围建设，选择多样化的文化宣传载体

为了加强文化阵地和氛围建设，企业可以灵活利用文化墙、文化展厅、内部刊物、企业网站、各级会议等多种途径，选择更容易被人们接受的文化宣传载体。

（1）文化墙

文化墙是企业的一张"隐形"名片，对内可以团结员工，对外可以吸引客户。一般而言，文化墙的设计要与企业内部装修风格相适应，以更好地传播企业文化。

形象地说，文化墙是企业传播企业文化的窗口。企业要根据自身实际情况，充分而灵活地利用文化墙的形式，传播企业文化内容，营造企业文化氛围。

（2）文化展厅

每一家企业从诞生到成长发展的过程中，都会经历各种各样的事情。对于这部分过程与内容，企业可以借助文化展厅，系统展示公司经营过程中发生的点点滴滴。此外，文化展厅还可以在一定程度上充当企业历史博物馆，帮助员工和客户了解企业发展历程，并激励员工不断探求发展之路。

在苏宁的企业展厅里，系统地呈现苏宁的价值观、战略转型构想、人力资源理念、荣誉奖励、智能家居体验、发展历程、员工活动等多方面内容，全方位展示苏宁的企业总体面貌，传播苏宁的精神文化风采。

文化展厅是企业文化史、发展史、奋斗史的充分融合与呈现的区域，是企业与企业外部主体进行有效沟通的桥梁，也是企业进行内部激励、教育员工的重要渠道。

（3）内部刊物

企业内刊是企业内部员工全面了解和系统认识企业文化的重要途径。一般来说，在企业内刊中可以设置诸如公司新闻、行业动态、管理创新活动、员工业余活动等不同的版面，同时鼓励员工积极地为内刊板块投稿。内刊可以定期设计、印刷，并在全公司范围内发放，以供员工随时取阅、学习。

很多优秀的企业都设有内部刊物，比如，华为公司有《华为人》、海尔集团有《海尔人》等。企业内刊承载着传播企业经营理念、价值理念、管理理念等重要任务。因此，企业不能把内刊当作一场附庸风雅的"作秀"活动，而要让内刊能够观点鲜明地唱响企业倡导什么或反对什么的主旋律，如此才能充分发挥企业内刊在企业文化建设过程中的核心价值与作用。

（4）企业网站

一般来说，企业外部人员要想了解一个企业，通常会在第一时间搜索企业官方网站。可以说，企业官方网站是企业对外连接的直接窗口。为了更好地宣传企业文化、呈现企业优秀形象，企业必须做好企业官方网站的建设工作。

一般而言，企业官方网站的内容主要包括：公司简介、组织结构、新闻动态、产品或服务介绍、企业文化介绍、招聘动态、联系方式等内容。网站的风格设计要与企业文化有效契合，并随时更新网站上的重要内容，以向外部更好地传递和维护优秀的企业形象。

（5）各级会议

各级大小会议是企业进行工作汇报的一种形式，也是宣传企业文化的一种良好途径。在企业内部，上至高层管理者、下至基层员工，几乎每周、每天都会组织一些或大或小的会议。我们并不提倡企业过多地召开会议，但是，如果企业需要召开会议，那么就要充分利用好企业、部门、班组等的各级会议，在会议中有效传播企业文化内容，统一企业上下的思想认识。

华为公司的会议有许多不同的类型。例如，公司例会、思想动员会、产品检验串讲会、产品汇报会等。华为外部人员所能看到的与华为公司有关的信息，往往是从华为公司领导层的讲话中获得的。华为公司领导层的很多讲话都有主题内容，这也在很大程度上反映了在一定时期内华为公司思想文化建设的基本方向。

从这些会议的讲话中，我们可以看出华为人对自身的严格要求，这些会议过程中所传达的精神也是华为核心价值观的体现。企业应利用好各级大大小小的会议，强化全体员工的思想认识。但是，也要避免频繁召开过度官僚化、没有实际作用的会议。

除了以上介绍的几种方式外，企业内部的宣传阵地还有广播显示屏、活动室等。企业要利用好内部的文化阵地，展开企业文化的可视化传播，让企业成员能够经常受到熏陶与教育，引领广大企业成员积极贯彻与执行企业的文化理念，促使企业文化能够深植到企业业务实践之中。

3. 建立系统而便利的内部沟通体系，选择适宜的沟通模式

企业内部沟通体系是企业文化传播的重要途径。内部沟通体系的建设在企业文化建设和落地的各个阶段都扮演着非常重要的角色。通过内部沟通渠道的建设，管理者可以清晰地向企业成员传递企业的政策、制度、价值导向，帮助企业成员了解企业，助力各项企业管理制度的有效落地并提升制度执行的效果。与此同时，企业可以听取企业成员对文化落地和内部管理过程的意见和反馈,帮助管理者了解企业成员的所思所想。

华为公司在公司内部建立了系统的沟通体系,主要包括基于员工成长的点对点沟通、员工业务成长的团队沟通、团队成长和氛围建设的沟通、管理改进的沟通等方面。

(1)基于员工成长的点对点沟通,主要内容包括:奖金评定时的沟通、调薪时的沟通、绩效辅导与考评时的沟通、任职资格评议时的沟通、奖惩决策时的沟通、工作岗位变动时的沟通、签署劳动合同时的沟通、新员工转正时的沟通、离职时的沟通、人岗匹配安排时的沟通等。

(2)基于员工业务成长的团队沟通,主要内容包括:年度市场营销大会、年度或季度述职大会、部门日常例会、流程规范学习会议等。

(3)基于团队成长和氛围建设的沟通,主要内容包括:年度颁奖晚会、团队拓展活动、新员工入职欢迎会、节假日慰问、主题活动等。

(4)基于管理改进的沟通,主要内容包括:政策学习、文化沙龙、民主生活会、自我批判、发生突发事件后的沟通等。

此外,华为公司还设置了专门的员工投诉渠道——当员工遇到一些需要投诉的事情时,便可以通过企业的投诉渠道(投诉电话、投诉邮箱等)进行投诉申请。华为公司还会组织专人来受理员工的投诉事件,组织相关利益人对该事件进行系统调查,再结合公司的相关政策给出初步处理意见,并与投诉人主动沟通,以获得满意的处理结果。

华为公司通过对内部沟通体系的系统建设,将华为文化有效传递给每个华为人,同时使得公司层面能够及时了解员工的想法,及时接受和处理员工的意见和建议,有效提升公司的整体凝聚力。华为公司的内部沟通体系建设是非常值得其他企业借鉴与学习的。

当然，在互联网技术广泛使用的今天，尤其是移动智能终端的普及，更是催生了全新的人际网络新关系、信息传播交流新途径、沟通新渠道和经济生活新模式。企业还可以利用微信群等各种新途径，随时交流企业文化传播过程中的小点子、小想法、小技巧、小妙招，从而更好地凝聚多方的力量，更充分、更有效地传播企业文化理念。

这里值得关注的是，在宣传企业文化和进行内部文化交流时，企业要不断强化"互联网+"思维，灵活运用"大云物移"的新技术以及微博、微信、论坛、各类App等平台，打造内部文化传播的各种线上渠道，持续提升企业文化传播的影响力和吸引力，使得企业文化能够逐步深入人心。

提升文化精神的落地程度，评估个体文化传承效果

在做好企业文化的设计与宣传之后，企业还要考虑督促企业文化的落实过程，特别是评估企业成员个体对企业文化的传承效果，持续推进企业文化的落地、生根、持续发展。

1. 引导个体形成系统的文化认知，培养文化遵从的习惯

很多员工刚进入企业时，可能因为不了解企业文化而难以融入团队。但是，如果企业能够引导个体形成系统的文化认知，那么员工会因文化认同而对企业文化形成遵从的习惯，进而快速融入团队，使企业文化得以落实并传承下来。

2016年是华为公司进入肯尼亚的第17个年头。华为的肯尼亚代表处以"Together"为主题，举行了年度晚会。在这次晚会上，肯尼亚本地员工也献上了精彩的表演。而该代表处表彰了年度优秀员工，并给"为华为公司服务8年以上"的本地员工颁发了"长期服务奖"。

在颁奖晚会上，一位本地员工代表在发言时说道："自己在10年前第一次进入华为公司时，从未想过自己会在华为公司工作这么长时间。而现在，他还要继续为华为公司服务下去。"他还表示，在华为公司的这10年

里,他遇到了很多挑战,也有很多收获——有收获才是最重要的。在华为公司,他懂得了:什么是敬业?什么是艰苦奋斗?什么是自我批判?这些企业文化都是自己与来自中国的华为同事互相学习与交流过程中获得的。

企业成员个体的遵从度会直接影响其在现实中的行为表现。一般而言,对企业文化遵从度高的企业成员,会发自内心地遵照企业文化所倡导的价值标准、行为准则和制度规范,去自觉规范自己的各种行为;在企业内外自觉地维护企业文化形象,服从企业文化管理部门的日常管理、行为考核和综合评价,并接受依据其行为考核评价结果而给予的惩戒举措。而这样的企业成员不仅能够做到遵从企业的文化要求,还会发挥榜样作用,潜移默化地影响更多的企业成员一起养成遵从企业文化的习惯。

那么,如何评价一个人对企业文化的遵从程度呢?一般而言,可以从三个方面来评估。第一个方面是,评估对企业文化的接受度,主要包括是否认同企业的文化管理,接受企业的考核评价结果,并能够主动承担与其行为对应的奖励或处罚的激励后果;第二个方面是,评估对企业文化的自觉意识,主要包括企业成员对企业使命、愿景、核心价值观、理念文化的认同度,对企业规章制度和行为规范的遵守情况与遵从程度,以及企业成员对企业形象的关注和主动维护情况;第三个方面是,评估个体的职务影响力和示范带头效果,判断其对企业成员在企业文化建设和落地方面的态度转变中所发挥的效果,确认是否能够促使其他企业成员呈现主动效仿行为,最终提升整个企业的整体文化实践效果。

当然,企业还可以围绕文化遵从度设计更多的评估指标,构建一套系统的企业文化影响与评估机制,更加准确地评估企业成员对企业文化的认知效果,进而有效提升企业文化的最终宣传效果与综合影响力。

2. 评估员工满意度与敬业度,有针对性地提高企业文化传承效果

鉴于企业文化建设的整体效果是基于"员工对企业的总体评价"产生的,因此能够直观表示员工对企业的评价,而"员工满意度"和"员工敬业度",则成为人们使用率较高的两个评估维度。

很多学者和企业曾经尝试用这两个维度来进行企业文化建设。他们认为,员工对企业的满意度评估和敬业度评估,能够很好地揭示员工对于企业的整体评价,这在很大程度上也反映了企业文化建设与实施的效果。而且,唯有明确企业成员的行为是否符合企业文化要求、是否体现企业文化精神的内核,而后企业才能采取更有针对性的举措,去提高企业文化传承的最终效果。

(1)员工满意度评估

员工满意度评估是运用范围比较广泛的一类企业文化测评工具。在企业内设计实施这项评估行动,可以迅速发现企业组织内部的不足之处,从而有针对性地采取改进措施。在对企业员工的满意度评估中,相关评估维度和具体评估内容,如表1所示。

表1 关于企业员工满意度的评估维度与评估内容

评估维度	具体评估内容
对工作本身的满意程度	企业员工的工作适合度、责权匹配度、工作挑战性、工作胜任度等
对工作回报的满意程度	企业员工对自身工作的认可度、事业成就感、薪酬公平感以及晋升机会的获得情况等
对工作环境的满意程度	企业员工对企业的工作空间质量、工作时间质量、工作配备齐全程度、福利待遇情况以及企业氛围等

续表

评估维度	具体评估内容
对工作群体的满意程度	企业员工与同事之间进行合作的和谐程度、企业信息的开放程度等
对企业整体的满意程度	企业员工对企业文化的了解程度、对管理制度的满意程度、参与管理的程度以及对企业领导者的能力评价结果等

（2）员工敬业度评估

员工敬业度评估是由闻名全球的盖洛普咨询公司开发的一种测评工具和方法。盖洛普公司的专家们认为，"敬业"是比"满意"表现得更加积极的一种员工评价指标。如果"满意"是指企业员工"对企业的喜欢程度"，那么"敬业"就是指员工"为了改善和优化企业经营成果而愿意付出努力的程度"。那些高敬业度的员工，他们不仅工作表现优异，而且对企业有着更高的认可度和忠诚度，始终希望自己能够为企业作出更多的贡献。

员工敬业度评估的量化指标是"对公司作出积极、正面的评价""愿意留在公司"以及"努力施展才能，付出额外努力，为企业的成功作出贡献"三类员工在整体员工中所占的百分比。经过对多家公司的测评积累和持续跟踪，盖洛普公司提出这样的观点："能够获得75%以上敬业度的分数可称之为最佳雇主；60%以上敬业度分数的公司一贯拥有卓越的经营绩效；敬业度分数低于25%的公司经营能力受到严重影响。作为最佳雇主的企业具备如下的特征：不断激励员工实现出色业绩；确保员工感到受到关注和重视；以能够实现长期成功和持续性发展的方式运作业务。"

员工敬业度评估主要通过以下评估维度与评估内容来展开，如表2所示。

表2 关于企业员工敬业度的评估维度与评估内容

评估维度	具体评估内容
人员评估	面向高层领导、直属经理、同事、直接下属的评估
工作评估	企业的工作任务分配情况、资源分配情况、内在激励机制等
机遇评估	企业对企业员工能力和技能的认可,企业的培训、晋升机制等
生活质量评估	企业为企业员工提供的工作环境的舒适、安全、人性化程度,以及工作与生活的协调程度等
规程评估	工作开展模式、制度流程内容是否系统、科学,以及是否能够充分发挥企业员工的个体价值等
薪酬评估	企业为员工提供的薪资与福利状况是否能够激发出员工的工作意愿和工作热情等

3. 定期评估文化落地的效果,实施有效激励与正向引导

企业之所以花费大量的人力、财力、物力,去建设企业文化评估机制,定期进行文化建设效果评估,其中一个重要的目的就是:让相关人员更好地履行企业文化落地的责任,提高企业文化落地的实际效果。而为了辅助这一目标的实现,企业不仅要做好文化评估工作,更重要的是对文化评估结果进行充分的应用,做好对企业成员行为的及时激励与正向引导。

在企业文化建设考核过程中,奖惩管理应尽量标准化、制度化并严格执行,切忌因为任何人、任何事而搞特殊化。唯有这样,才能实现企业的激励效果最大化,进而保证企业文化建设工作朝着既定的方向稳步前进。

当然,为了推进企业文化的落地,企业还必须配合企业文化评估实施及时、有效的奖惩措施,以规范员工的企业文化行为,这是确保企业文化落地的重点。

为了加强企业文化建设工作的过程管控,除了针对临时发生的员工行为进行评估与奖惩之外,企业还要重视倾听员工的心声,及时掌握员工的思想动态,尽早地发现员工的思想倾向性,并采取有效的解决措施。这样一来,才能避免出现与企业文化相悖的行为,并引导员工朝着企业期望的目标方向付诸行动,让企业文化能够在真正意义上得以落地生根、繁荣发展。

第四章
立足于客户的普遍认知，满足并引领客户需求

要想充分发挥文化的影响力，企业也需要关注客户头脑中普遍存在的传统文化观念，把握这些传统文化观念与企业文化的结合度，以获得客户的认同感和更大的接受度。在此基础上，企业再结合文化共通之处，针对性地开发产品或服务，进行更优质的文化输出，从而更好地激发客户的各类需求与消费欲望。

关注民众的共同心理需求，评估客户的真实需求

一个人在成长过程中潜移默化地受到其身处区域的地域性文化以及从过去流传至今的其他传统文化的影响。这种文化的熏陶之于个人来说有时是根深蒂固、难以改变的。如果企业的产品是贴近这种文化和心理需求的，那么它便更容易赢得该地市场的认可和接受。而从企业的角度来说，如何识别一个相对大的区域文化以及这个区域内普遍性的民众心理需求，这是非常重要的。

1. 跳出自嗨型经营模式，了解客户的基本需求类型

新东方教育集团创始人俞敏洪曾表示，自己看到的商业计划书中有7/10是伪需求，这些伪需求中有相当大的比例并不具备商业化运作的可能性。通俗地说，这样的商业计划是难以盈利的，因为其市场空间非常有限。

然而，在现实生活中，有不少企业特别是创业者正陷于自嗨模式。他们认为，自己的产品、服务或商业计划是有着广阔的市场的。虽然他们并未进行系统评估，却"勇敢"地投入了大量资金、资源去研发和运作。事实上，企业在作出一切决策行为之前，必须弄清楚客户的真实需求，然后针对需求去考虑商业计划、产品研发规划、市场营销策略等。

总体来说，客户需求的种类是丰富多样的，可从不同的角度进行细致的归类与划分。

（1）按照产生原因的不同而划分的客户需求

按照产生原因的不同，客户需求可以分为：生理需求和社会需求。其中，生理需求是指客户为了维持生命和自身发展而对客观事物表现出的某种需求和欲望，这种需求是人类所共有的一种基本需求。社会需求是指客户为了参加社会活动、进行社会交往而对工作、友谊、知识、社会地位等事物表现出的某种需求和欲望。社会需求是人类所特有的一种高级需求。

（2）按照实质内容的不同而划分的客户需求

按照实质内容的不同，客户需求可以分为：物质需求和精神需求。物质需求是指客户对社会物质商品（如服装、食品、家具、住房、汽车等）的需求和欲望。精神需求是指客户对精神生活和精神产品（如审美、娱乐、教育、情感等）的需求和欲望。

（3）按照需求层次的不同而划分的客户需求

按照需求层次的不同，客户需求可以分为：生存需求、享受需求和发展需求。生存需求是指客户为了维持生存而对基本生活条件（如吃饭、住房等）形成的某种需求和欲望。享受需求是指客户为了增加生活情趣，实现精神愉悦，对文化娱乐、体育健身、旅游社交等事物而形成的某种需求和欲望。这类需求的满足，可以使客户在生理和心理上获得最大限度的享受。发展需求是指客户为了发展智力和体力、提高个人才能、实现人生价值而对所需事物（如教育、计算机、手机、书籍等）产生的某种需求和欲望。

（4）按照实现程度的不同而划分的客户需求

按照实现程度的不同，客户需求可以分为：现实需求和潜在需求。现实需求，也称显现需求，是指客户在具有明确消费意识和足够消费能力的情况下，已经或即将实现的部分消费需求和欲望。潜在需求是指客户在尚不完全具备消费意识或消费能力的情况下,已经被客户列入消费计划的部分需求和欲望。

1960年,美国心理学家马斯洛在其著作《动机与人格》中,立足于西方社会、基于西方理念,提出了需求层次理论。他把需求分成生理需求、安全需求、归属与爱的需求、尊重需求和自我实现需求五类,且将该五类需求按照从低到高的层次顺序进行了排列。

第一,生理需求。生理需求是指人们为了满足生存需要而产生的对外界事物(如空气、阳光、食品、性等方面)的需要,它是人类维持自身生存的最基本要求。只有生理需求满足到维持生存所必需的程度后,人们的其他需求才有可能成为新的激励因素,并进入新的、更高一级的需求层次。

第二,安全需求。安全需求是指人们为了保护自己的身体、精神不受威胁或保证安全而产生的一种需求层次,主要包括对防御自然灾害、摆脱疾病或瘟疫、获取社会保险等方面的需求内容。

第三,归属与爱的需求。归属与爱的需求是指人们希望自己能够给予和接受他人的爱与感情,以及得到某些社会群体的重视和容纳的需求。具体来说,像结识朋友、表达爱情、参加团体活动等方面的需求都属于这类需求。从根本上来说,这种需求比人们在生理上的需求更为细致,并且与一个人的生理特点、经历、教育、宗教信仰等诸多方面都有着非常密切的关系。

第四,尊重需求。尊重需求是指人们希望自己有地位、有威信、受到别人的尊重,以及希望自己有内在的自尊心。当尊重需求得到满足时,可以使人们对自己的现在与未来充满信心,对社会生活满怀热情,并切实体验到自身的价值所在。

第五，自我实现需求。自我实现需求是指人们希望最大限度地发挥个人自我潜能并实现自己的理想。它包括人们对道德感受、创造力、行为自觉性、问题解决能力、公平公正感知度等方面的需求。可以说，自我实现需求是人类需求的最高需求，也是以上四个层次需求得到升华的结果体现。

按马斯洛五个需求层次说法，生理需求和安全需求属于物质需求，归属与爱的需求、尊重需求和自我实现需求属于精神需求。从物质需求到精神需求呈现由低到高的层次递进特征。一般而言，需求层次越低，越具有原始自发性，并具有较多的共性；需求层次越高，其受后天的教育、培养、引导等因素的影响程度则越大，并呈现非常明显的差异性特征。

2. 认识需求与诉求的差异点，明确客户的真实需求

客户需求是指客户对商品、服务以及其他消费对象的渴求或欲望，是推动客户做出各种交易行为的内在原因和根本动力。值得注意的是，需求与诉求是不同的。

例如，有一些客户希望商家能够提供商品免费包邮的服务；苹果公司曾要求微信开发深色模式，以缓解夜间用手机的用眼疲劳，减少对用户视力的负面影响……事实上，包邮服务、深色模式都未必是客户的真正需求。客户要求提供免费包邮服务，其可能更希望通过省钱的结果来满足和实现其他方面的需求；而深色模式暂时没有足够的证据来表明可以保护人们的视力，更多的是发挥着安慰剂的作用。

如果我们从企业（商家）角度来说，这些由客户设计出的解决方案，实际上更应该称为"客户的诉求"，而不是真正的客户需求。诉求与需求是不同的，因为前者未必是合理的，而后者一定是合理的。

因此，企业应自动屏蔽诉求，暂时忽略客户提出的解决方案，去发掘客户的真实需求,直至能够将其与需求层次理论中的某一个层次相对应。这样一来,才能区分和界定客户的真正需求与伪需求,并通过客户的真正需求、本质需求去推演出一套具有更高质量的需求解决方案。

3. 评估客户群体与需求量,将资源运用到更有价值的地方

有时候,客户虽然在某方面存在需求,但是需求量并不大——只有少部分人或特殊人群具有某种需求,但是其总体需求量并不算大,或者企业投入的资源还要多于最终收入。如果我们从投资回报率的角度来说,那么可以得出这样的结论:企业并不适宜投入大量资源去满足这类需求。

在营销业界流传着这样一个经典故事,大概内容如下:国外某企业的一位推销员,奉命到一个全部是土著人居住的海岛去推销鞋子,但他很快就失望了。他发现:"这个岛上的人从来不穿鞋。"而另外一位推销员却认为:"这座岛上没有一个人穿鞋子,看来是一片很大的市场。"

如果从企业经营的角度来说,"这是一片很大的市场"这个论断和预测结果下得略微有些仓促。事实上,这个岛上的全部居民人数便是这个市场的最高需求量值。假如这座岛上只有1000个居民,而我们再综合考虑到市场转化率、岛民的支付能力以及额外新增的运输成本,那么,该企业是否需要投入更多的资源去开发这部分客户需求呢?这便是一个需要企业以审慎的态度去科学思考和验证的问题。

客观地说,如果企业无法面向所有客户群体开展调研和需求确认,那便意味着企业进行市场调研时仅仅是面向一部分"具有代表性"的客户而进行的。此时,企业必须对这部分被调研客户的总量和典型程度进行准确而有效的了解和把握。之所以要采取这样的做法,是因为:唯有系统把握企业获得的信息,才能够系统地反映客户的真实诉求和需求,从而避免"为 10% 的用户而开发 90% 的功能"这种情况的发生。简单地说,如果某一种客户诉求内容仅仅能够满足客户群体中一小部分人的需求,那么企业完全可以考虑暂时放弃或战略性放弃这部分需求,把企业的有限资源集中应用到更有价值的方面去。

与目标客户群积极建立连接,引导客户参与企业运营

每个客户都有个体的文化理解与理念认知。对于企业来说,必须积极地与客户建立连接,引导客户参与企业经营的过程。这种主动与客户建立连接的模式,往往能够更加准确地把握客户的观念认知与心理需求。

1. 借助大数据的便利因素,洞察客户的消费需求

在大数据时代,企业可以做到"比客户自己还了解客户"。我们打开手机中的"网易新闻客户端"会发现,每个人所看的新闻都是不同的。这是什么原因导致的呢?这是因为,网易新闻会根据客户每次的浏览内容和点击频率,去发掘客户的兴趣点或关注点,然后在接下来的一段时间内为客户推送他们感兴趣的新闻或热点。

可以说,规模庞大的数据资源决定着企业未来的发展趋势。在研发实践中,企业可以基于大数据和分析结果来作出研发决策,这与以往基于经验和直觉的研发决策是截然不同的。我们在市场中看到的很多爆款产品,都是先通过广泛获取大数据,来确认客户的消费需求热点,然后再有针对性地进行设计开发。

在某玩具产区有一家汽车模型制造企业,该企业已经多年未能推出一

款令人赞叹的新产品了。长期以来，这家企业一直依靠创始人的第六感去研发新产品。然而近几年来，这家企业的创始人在研发方面投入的精力较少，故而研发部门未能找到自主研发的方向。在一次例会上，这家企业的创始人向市场销售部负责人提出了一个问题："如果我们在遥控玩具汽车现有功能的基础上增加一个漂移功能，那么这款玩具汽车产品是否能够得到市场的广泛欢迎？"市场销售部负责人当时竟无法直接给出这个问题的答案。因为，这家企业的市场销售人员平时只关注如何销售产品、提高销售技巧，但是从来没有思考过"客户到底需要怎样的产品"以及"如今的客户需求是什么"之类的问题。

实际上，主动发现市场上的流行要素以及未来流行要素，这是身为企业市场销售人员的基本职责之一。如果一家企业的销售部都如同案例中这家企业的市场销售部这样，局限于销售与接洽订单的话，那么这家企业对市场的敏锐度将逐渐丧失。而究其根源，便是企业缺少大数据资源作为分析支持导致的。与之相对应的是无数中小型互联网企业的经营者们每天盯紧京东、天猫等平台上的产品销量排行榜，然后迅速组织员工展开大数据分析，力图紧密追踪市场需求的变化与趋势，努力在产品研发设计之初便确保产品能够符合市场消费的现实需求。

2. 应用PLM（产品生命周期管理），缩短研发周期

从产品需求调研到产品能够推向市场，这段时间是产品研发周期。在这个"快鱼吃慢鱼"的快速发展时代，如果企业的产品研发周期太长，往往会给企业带来巨大的市场机会损失。若能有效引入互联网技术，则可以帮助企业大大缩短研发周期。

一些聪明的企业经营者为缩短研发周期,引入了先进的技术软件,比如PLM（产品生命周期管理）软件。这款软件是一种典型的互联网技术软件,也是一种常用的产品研发管理软件或系统。它可以利用整个企业的数据来组织开展产品研发。以金蝶PLM（产品生命周期管理）软件为例,它打通了企业内部"部门墙",打通了上下游环节之间的"信息壁垒",通过统一的多项目管理平台,全面汇总目标产品的相关信息,这一优势特征在产品研发环节的表现尤为突出。

当互联网技术被应用到研发环节后,企业研发周期大大缩短,成本也随之大大降低。可以说,互联网正在推进各行各业发生巨大的变化,朝着人们过去难以想象的方向迅速发展。

3. 提升客户满意度,与客户轻松建立强关联

企业文化必须在企业中得以真正落地和践行,并且要使客户获得良性体验、信任,形成对企业的依赖性和重复消费期望值。这样,客户才会与企业建立强关联,才会重复消费,为企业创造更多的利润。

美国捷蓝航空公司将"以人性方式对待乘客"作为企业文化中的服务理念内容,其创始人尼尔曼说:"让乘客满意比让首席执行官满意更重要。"所以,美国捷蓝航空公司千方百计地为乘客提供各种超出乘客意料的服务,给乘客以不同寻常的旅行体验。这些旅行体验包括:全新的飞机、皮质座椅、宽松的座椅空间、免费卫星电视和预订座位等。

2003年,当其他航空公司在努力减少客舱的空间时,捷蓝公司反向而行——拆掉了飞机的一排座位,使得座椅之间的空间更加宽敞,提高了乘客舒适度。与其他公司相比,捷蓝公司所提供服务的差别在服务的细节上,

比其他航空公司向前多走了一小步。再比如，捷蓝公司在对乘客行李破损的后续处理方面，除了在经济上为乘客予以全价补偿之外，还会专门发送邮件向乘客表示歉意。

2007年，一次恐怖事件使飞机在肯尼迪机场停机坪上耽搁了10多个小时。在此事件发生之后，捷蓝公司特别推出了一个乘客权利法案。这个法案涵盖了诸如起飞延迟、超额订票、登机后地面延误、航班取消等多个方面内容。在该法案的开篇处是这样写的："捷蓝公司致力于打造人性化飞行，人性化高于一切。我们努力使您的飞行体验尽可能地简单愉悦。然而很不幸，有些时候事情没有按照我们的计划发展。如果有给您带来什么不便，您应该明确地知道您可以对我们期待什么，我们认为这一点非常重要。"

捷蓝航空公司的这些做法，对公司而言也许仅仅是一件不足为道的小事，但它深刻地诠释着企业的文化理念，让乘客看到了其企业文化落地的过程与实践结果。事实上，每一位体验过该公司服务的乘客都深刻感受到其企业文化中对乘客无微不至的服务和尊重。同时，该公司也用这种付出的方式，大大提升了乘客的满意度，得到了乘客对其企业文化的认同感，建立了与乘客之间的强关联——客户对企业的高忠诚度。

从总体上来说，深度践行与维护企业文化，让客户感受到企业文化对客户的尊重，与客户的认知达成一致，从而让客户满意，这是企业文化获利的一种自然管道和必然结果，也是一种企业战略。

4. 打造便利的沟通途径，鼓励客户参与企业经营

当然，如果仅仅从企业角度去思考客户需要什么以及如何满足，这无

疑是闭门造车之举。为了更好地了解客户的真实需求和想法，避免企业在客户满意的道路上走弯路，企业应打造较为便利的沟通途径，鼓励客户参与企业经营，主动地表达自己的需求和想法，而后在此基础上提炼和践行企业自己的文化。

以产品研发为例。华为公司的文化是以客户为中心，为客户服务是华为公司存在的唯一理由。华为创始人任正非在2014年与阿联酋代表处座谈中指出："公司将来要以客户需求为导向而不是技术为导向，这就是市场驱动原则。西方一些大企业的失败就在于过分强调了技术驱动。要以客户需求为导向，利用新技术，把产品做到最好的质量，最低的成本。"所以，华为公司的产品路标并不是由技术工程师来设计，而是借助来自客户的构想来设计的。

华为人认为，技术领先并不一定带来效益，且具有不确定性。从2000年开始，任正非开始对华为技术体系进行结构性调整。他强调，企业在技术方面的领先，并不需要摆在一个最高的位置上。他说："我分析过华为可能失败的原因，得出的结论是不能走产品技术发展的道路，而要走客户需求发展的道路。"

因此，华为公司必须在多渠道模式下收集客户需求，然后通过去粗取精、去伪存真、由此及彼、由表及里的过程，来系统地确定公司是否有必要投资并开展此类产品的实际研发工作。为此，华为公司的产品线内部专门设有市场部门，他们随代表处派驻到全球各个地区，由他们来负责收集和鉴别客户需求，以此来驱动华为公司产品研发工作的进一步展开。

第四章 立足于客户的普遍认知,满足并引领客户需求

当然,有很多知名或非知名企业都秉持着这样的文化理念,并在实践中严格践行着这些文化理念,将其当成行为准则。

萨姆斯耐特公司是一家世界知名的箱包公司,其在20世纪90年代研发出来的便携式Piggyback旅行箱一度风靡世界。萨姆斯耐特公司的市场调研部经理鲍勃·本根称,这款旅行箱的成功研发和推出并非仅凭运气,而是通过广泛的市场调研和倾听顾客的需求,然后经过多轮的产品设计与反复确认其满足顾客要求之后才实现的。

首先,该公司进行了初始创意测试,由此决定了新产品开发的主要方向。萨姆斯耐特公司访问了事先选定的400名调研对象。这些调研对象在观看了一系列行李箱的黑白创意草图和产品描述后,对各种创意给出了对应的兴趣值。在调研结果中,该公司获得了一条非常有价值的建议:既可以肩背,又可以用带捆扎的行李箱。

该公司完成创意测试后,考虑到旅行箱的市场前景,于是决定对Piggyback再实施一次创意调研活动。在此次调研活动中,调查人员在购物中心随机选择了100名顾客作为被访问对象。这些被访问对象的年龄分布在16—60岁,他们在过去3年内买过一只旅行袋,并且过去一年中至少使用过一个旅行袋。这次访问活动以"一对一"的形式展开,使得访问过程中提出的每个问题都得到了答复,并被真实地、完整地记录了下来。这些被访问对象还审查了一系列Piggyback旅行箱的特征、用途、创意草图,而后按照四级购买兴趣量表对这些产品进行了系统评价。结果显示,在看过创意后大约有6/10的被访问对象表示"喜欢这款产品",而在实际体验后,这一部分人员的比例增加到了7/10。调查表明:顾客对Piggyback旅行箱的

购买兴趣和愿望，与其他各类旅行箱相比，处于较高的购买水平。

再后来，为了更好地推出 Piggyback 旅行箱，萨姆斯耐特公司进行了一次独特的测试活动——停车场测试。萨姆斯耐特公司召集公司里经常出差的员工（这部分测试人群包括男性和女性、高个子和矮个子），让他们在障碍物上、凹凸不平的路面上、碎石上拉动 Piggyback 旅行箱产品模型。通过这次测试，该公司得到了一批内部消费者的测试结果，结果表明每个人都非常喜欢 Piggyback 旅行箱产品。

此外，他们还进行了潜在问题的调研活动。萨姆斯耐特公司便携式 Piggyback 的模型被开发出来之后，研发小组实施了定性的消费者调研测试活动。研发小组邀请了航空公司服务员组成的两个小组进行座谈，通过这次活动来了解和识别在便携式旅行箱实际使用过程中可能遇到的各类问题。

最后，研发小组为了评估便携式 Piggyback 旅行箱与市场同类竞争产品相比的顾客吸引力，特别组织了一次定量调研活动。在这次调研活动中，该公司一共选择了 200 名顾客参与。顾客仔细审查了便携式行李箱的内部和外部，通过转动轮子、提起、搬运来体验便携式 Piggyback 旅行箱的使用效果。之后，调查人员向顾客进行提问，确认他们喜欢或不喜欢、选择或不选择便携式 Piggyback 旅行箱的原因。

结果表明，便携式 Piggyback 旅行箱受到了大部分顾客的青睐，而他们恰恰是公司希望吸引到的目标顾客群体。萨姆斯耐特公司看到产品市场反应如此积极，仅在产品外观上做了一些简单优化之后便迅速开始批量生产，并在 20 世纪 90 年代初正式推向市场。

以华为公司和萨姆斯耐特公司为代表的很多企业始终践行着重视客户的文化，从理念到行为都能主动贴近客户的需求，切实满足客户的需求点，以斩获客户的心。实际上，这也是企业得以生存与发展的基础。

发掘客户的实际需求，快速实现企业的创意输出

企业面向客户进行输出时，必须关注客户的实际需求——多种多样的需求、表层需求与深层需求，以及隐藏在需求中的内在文化认知，这些都是企业需要深度考虑的内容。企业应该切实针对这些需求内容，去设计企业输出与传统文化、企业文化的结合点，并对企业输出进行创意规划。

1. 认识需求的多样性，更具指向性地连接客户的需求点

在豆瓣上从来没有得满分的电影。这是因为，用户需求具有多样性——无论多么出色的产品，都无法做到让所有人完全满意。

人们经常以"我认为"开始一段话的论述，这意味着：这是一段表达个人观点的论述，而且不同的人会陈述截然不同的观点，甚至彼此之间难以达成共识。客户的需求也是如此——它们是极为多样化的。企业必须系统考虑客户群体及其需求的多样性特征。

在规划客户需求时，不论是对于企业方工作人员的感觉还是对来自企业外部人员的意见，这部分感觉或需求的代表性都是需要通过科学量化的手段来进行评估和衡量的。企业只有更全面地思考和规划，才能设计出更优秀的产品，兼顾更多目标客户群体的需求，打破传统模式的单一性和局限性。

举例来说，物美价廉一度是大多数客户的两项重要需求，但也让很多企业陷入两难的境地——因为有些客户更在意产品的质量、外观、功能；而有些客户更介意产品的价格低廉。小米曾多年表现为"物美价廉"，但也因此陷于只能满足低端用户需求的困境。直到后来，小米拆分出"红米"系列产品之后，才做出了小米 10 Pro 这一系列出色的高端产品，由此迈出了满足高端用户需求的重要一步。

再比如说，很多客户都需要购买价位 100 元的护肤面膜，但是有些客户需要保湿功能，有些客户需要美白功能，有些客户需要淡化细纹功能……这就需要企业考虑需求的多样性，在产品宣传时连接客户的现有理念认知与需求点，形成具有指向性的产品输出。

这给我们一个启示：企业在面向客户时要关注客户的立场、观念、现实需求等，真正把握不同客户群体的真实需求，同时考虑如何更好地顾及这些客户的需求，或者在某些方面做好取舍。

2. 深挖客户的深层次需求，有的放矢地予以满足

当今市场环境中，企业竞争面临着多极化问题，传统的营销方式受到挑战。企业在这种挑战中逐渐寻求改进与完善之路，由此创造出更多新型的、个性化的营销方式，服务营销成为市场营销的主流。在此过程中，形成企业与客户之间的长期稳定的信任关系，便成为企业占领和控制市场份额的重要因素。而想要留住客户，企业就必须倾听客户内心的声音，找到客户心中潜藏的隐性需求，并满足客户的这部分需求，真正实现"互利互惠"。

常言道："嫌货才是买货人。"只有抱怨商品不好的客户，才是真正想买商品的客户。而客户口中的抱怨实际上正是客户的隐性需求，客户将商品没有达到自己需求的部分，通过抱怨甚至是投诉的方式传达给企业的营销人员和客服人员。这时，企业方就需要从中听出隐藏的意思：明白客户的真正需求，找出能够弥补客户所指的商品所达不到的原因，让客户感受到企业的真诚，这是建立客户信任关系最重要的步骤，也是企业留住客户的最重要的方法。

在大多数情况下，客户并不仅仅只是需要那件商品，而是需要那件商品所能带给自己的感受和体验。这就好像当一个客户踏入一家水果零售店想要买一个苹果来解决口渴的问题，而水果零售店的苹果刚好全部卖光。这时，水果零售商就可以通过介绍西瓜等水分充分的水果，阐明其可代替苹果的属性，从而留住客户。

如果客户存在一定的购买欲望，而企业传递出的文化又恰好与客户认知之间保持了相对一致性，那么无疑更容易赢得客户信任感和认同感，更容易为企业创造价值。

3. 紧跟时代潮流，结合传统文化元素，提供创造性输出

随着市场核心消费群体的变化，年轻群体在客户人群中的占比越来越多，企业则需要及时对产品和服务进行优化，使之能够跟上时代潮流，满足新一代客户的需求。

一个典型的案例就是百雀羚，它在保留传统国货的品牌调性的基础上，紧跟当下追求传统文化风、民族风的时代潮流，并结合中华传统文化中的美学元素，以极具质感的精美外观设计，实现了创造性的产品输出。

成立于1931年的百雀羚，是中国国民品牌中当之无愧的老字号品牌。然而，随着时代的变化，百雀羚却因遭受国内外品牌夹击和自身品牌形象老旧等，在市场上几近消失。直到2004年，百雀羚在对全国性市场调研数据进行研究分析后，启用了全新"草本护肤"的品牌定位，结合中华传统文化元素，提出了"中国传奇，东方之美"的全新品牌理念。

围绕这个新定位，百雀羚加大了产品研发的力度，更广泛地借鉴中华宫廷文化中的美学元素，极大地丰富了产品系列。比如，2017年，百雀羚携手故宫文化珠宝首席设计顾问钟华跨界合作，结合中国宫廷文化和发簪文化，共同定制，匠心打造"燕来百宝奁"限量礼盒和"喜上眉梢"簪。2018年10月，百雀羚与钟华再次合作出品了"宫廷限量雀鸟缠枝美什件"礼盒和"肌初赋活燕来胜"礼盒，还合作了"见微知著"的TVC大片。从市场反馈来看，百雀羚与传统文化的结合是非常成功的。据统计，燕来百宝奁35秒便售罄，而美什件套装在"双11"预售排名中高居榜首，超出第二名6000件。

2019年10月，百雀羚又与敦煌博物馆合作，携手中国工美行业艺术大师、非遗敦煌彩塑技艺传承人——杜永卫推出护肤套装及敦煌悦色岩彩彩妆系列，再次致敬东方文化。而后，百雀羚再次牵手"上新了·故宫"，在集东方之美的故宫之中继续探寻中国文化传奇。

在很久以前，国人一提到护肤领域的国货品牌产品，就会自动在头脑中闪现出"廉价""低端"等字样。而百雀羚借助中国传统文化元素，对其产品进行了创新的表达与输出。如今，越来越多的国内客户开始使用"国货精品""国货之光"的标签来标记这个历久弥新的老字号。2017年，百雀

文化红利

羚成为国际化妆品化学家联合会（IFSCC）在中国的首个金级会员，2018年跃升为荣耀金级战略伙伴。从市场利润获取方面来看，百雀羚的战绩也是非常喜人的。在2019年的"双11"，百雀羚不到10分钟就实现了销量破亿元，且实现了连续5年国货全网第一的销售佳绩，全年销售额从2012年的18亿元增长到了2018年的230亿元，增幅达11倍。

百雀羚的成功是值得借鉴和学习的。事实上，很多企业老品牌都应努力寻求一条再次崛起的道路。这就需要企业能够敏锐地认识时代的潮流与变化趋势，精准地把握消费升级与传统文化元素的结合点，吸引新一代客户群体的眼球，以新时代、新特质来提高企业文化输出与产品输出的内容的认可度。

把握客户文化偏好,激发客户的文化需求与消费欲望

企业面向客户,切忌采取强硬输出或洗脑模式,而应以客户喜闻乐见的方式推进,触动客户的文化需求点,然后以一种吸引客户注意力的特别方式来激发客户的消费欲望。

1. 了解客户的文化偏好,重视文化偏好对购买行为的影响

每个人都有自己的文化偏好,而且这种文化偏好影响着每个人的行为选择。在生活中,人们在吃、穿、住、用、行等诸多方面都存在一定的偏好。一个最简单的例子就是,人们在购买商品时就存在对颜色、数值等诸多偏好,这些都会最终影响人们的消费行为。

从根本上来说,这种文化偏好是消费者群体在某种共同文化(如风俗习惯、价值观、道德等)的长期影响下所形成的共同价值观和独特认识倾向。在共同文化偏好的影响下,消费者群体常常会形成对某一事物的共同追求和消费行为。

而从企业角度来说,就应从这个角度去探索获利空间和红利机会,通过系统分析客户(或消费者)的文化偏好,来辅助企业作出业务拓展和产品开发决策。

2. 开展良好的互动活动，获取客户对企业的信任与支持

企业与客户的互动过程是二者建立良好合作关系的纽带，而具有独特魅力的人性化互动方案无疑会拉近二者之间的距离。但在现实中，很多企业对互动方案要么不重视，要么照抄硬搬，毫无新意，这使得企业与客户之间的互动管理一直处于低层次运作状态，难以充分发挥其应有的巨大作用。为了解决这个问题，我们可以从以下几个方面来改善这种情况。

（1）合理地设置互动环节

一位顾客去银行的营业厅办理业务，在营业大厅门口领取到号码纸之后，他坐下来等待。这时，一位银行的工作人员走了过来，微笑地问候道："您好，您排到多少号？"这位顾客回答道："前面应该还有七八个人。"

这位银行的工作人员说："哦，那大约还需要15分钟，我们能打扰您一下吗？"随后，工作人员向顾客询问了对他们的工作有什么建议，能否配合他们做一项服务调查。这位顾客想：反正现在自己闲着也没什么事情，于是非常痛快地答应了工作人员的请求。

当然，与这位工作人员交谈的过程是十分愉快的。顾客在交流过程中获得了该银行最新的金融资讯、最新理财产品信息等；工作人员则从顾客这里了解到了顾客对银行服务的真实看法，既帮助他们顺利完成了服务效果调查，又赢得了顾客对银行的好感。

案例中，这家银行设置的与客户的互动环节是较为合理的，他们对互动时机的把握也是恰当的——它不仅有效转移了客户在等待服务时间里的注意力，减少了客户的烦躁感，还获得了客户对服务信息的反馈。这个互

动过程明显使客户对银行产生了信任感。

（2）广泛互动渠道的建设与整合

随着高科技的发展，企业在与客户互动渠道建设的方面取得了很大的进步。而随着网络渠道的进一步拓展，企业推进全方位互动活动的可能性大大提高，这使得客户联系企业的渠道更为宽广、形式也更加多样化。同时，企业与客户互动的活动成本大大降低，企业信息展示内容更加全面化。

不过，伴随着高科技与网络渠道的发展，还有诸如渠道的重复建设、网络系统的随时升级、网络服务不确定性增强、与客户的互动真实感下降、服务管理难度上升等一系列问题。要想解决这些问题，企业必须对整个经营模式进行大幅度的调整，依靠先进的管理思维方式来推进企业的进步与发展。

当然，通过互动渠道的优化整合，也使得企业服务的便利性大大提高，这又为企业与客户之间后续开展的"一对一"服务奠定了坚实的基础。

（3）一对一的互动活动

在早期的商品交易中，企业（或卖家）与客户（或买家）之间往往是面对面的或者是一对一的状态，客户（或买家）的个性特征、对产品需求、使用产品后的意见能够非常直接地反馈到企业（或卖家），这样企业（或卖家）就能够及时地对自己的产品、销售和服务方式进行调整。

但是，随着市场的发展，特别是社会分工的细化，企业（或卖家）与客户之间的沟通层级变得更加复杂、交错，以致许多企业（或卖家）根本不明确自己的最终客户（或买家），更谈不上如何和后者进行有效的沟通与互动活动。

事实上，随着高新技术的持续升级，企业与客户之间的"一对一"互动再次变成可能。在新时代的"一对一"互动过程中,企业会收集到更多的客户信息,同时会更迅速而有效地与客户(或买家)进行思想、观念、文化方面的深度交流,从而更具有针对性地满足客户的个性化需求,为企业创造更多的合作与盈利的机会。

3. 将文化蕴于不同载体之中,引导并点燃客户的消费欲望

人的消费欲望往往高于实际需求。当一个人感到饥饿的时候,其所需要的不过是一碗白米饭或一个大馒头;但是当他获得了饱腹感之后,他可能会想要更多的美食。从这个角度来说,人类的欲望是无穷的。而企业需要做的事情便是,找到企业文化与客户欲望的触发点和衔接点,再次点燃客户的欲望。

在实践中,企业可以从实物产品角度进行设计,即为产品赋予文化的内涵。同时,还可以从服务体验等多方面进行设计,让文化蕴含在各类"文化+"经济活动中,在做好基本的企业输出工作之外,进行综合性整体生态设计,把文化创意和经济效益结合起来。这是呈现与传递企业文化的最佳方式,也是获得激发和引导客户消费欲望的着力点。

第五章
守正创新，创造性地传承传统文化

要想获得文化红利，必须注意一个重要方面——有效传承与创造能够被广为接受的文化内容。在此过程中，企业要坚持一条重要原则：坚守传统文化中正向的、积极的、能够继续滋养当代人心灵的内容，在此基础上推进传统（传统文化）与新生（新时代文化）的融合，并采取创造性的模式去传承和传播。

找到传统文化与新科技的结合点,让传统文化焕发生机

随着科学技术的变革与发展,数字化内容爆发式增长获得了大众的广泛关注。在这个新时代,中华传统文化似乎陷入一种尴尬之境。因此,让中华传统文化散发出新的活力,让社会大众更深刻地感知中华传统文化的魅力,形成新的情感连接,甚至成为时代潮流,成为各行各业乃至整个社会关注的重要议题。

事实上,如今的互联网、大数据、人工智能、VR/AR等前沿技术,正在实实在在地为中华传统文化的传承与弘扬带来新的契机——人们可以通过各种创意、创新的模式,让传统文化元素与当下的时代因素、潮流体验之间实现充分而高品质的融合。比如我们前文提到的百雀羚的案例便是一次成功的实践。

此外,企业还可以对既有文化资源进行挖掘,吸收中华传统文化中的精髓,打造一大批具有深度内涵的原创文化精品。这不仅可以满足大众日益增长的内容消费需求以及文化精神需求,同时书写了中华传统文化在新时代发展中的多重可能性。

1. 借助新科技手段为文化赋能，吸引年青一代的消费群体

中华优秀传统文化有着5000多年历史，代表着中华民族深层次的精神追求和极具特性的精神标识，更是中国文化软实力的典型呈现。随着主流用户群体的变化与时代流行元素的频繁转换，中华传统文化不得不开始探索一种能够跳出发展困境的方法。

我们必须承认，这种文化的困境既来自时代，也来自文化本身。所以，我们应如何把握传统文化与现代文化之间的关系、高科技与美学艺术之间的关系、传统文化与现代文化的临界点？或者说，我们到底应如何传承与变革中华传统文化？对于这些问题的答案，人们正在积极持续地探索，并取得了一定的成果。

近年来，部分企业（或组织单位）通过持续的探索，促进中华传统文化与数字技术深度融合，进一步丰富着文化的形态，使中华传统文化在现代被人们感知的程度日益明显。如今，在主流的年青一代群体中已经掀起传统文化热潮——年轻人自主传播传统文化之美，积极地参与创作活动中，其惊人的创造力使传统文化掀起新的生命力。这正是一种面向中华传统文化而展开的成功探索与实践。

2019年，CGTN（中国国际电视台）、腾讯社会研究中心、上海大学曾军教授团队共同发布了《数字新青年研究报告》。该报告以QQ平台上的用户作为调查样本，其中提及"近九成的年轻人对传统文化有兴趣，有八成年轻人通过网络了解传统文化，有近七成的年轻人希望通过游戏动漫了解传统文化，每年有近10万年轻人参加故宫和腾讯主办的'Next Idea'创新大赛"。

比如，2018年故宫博物院、腾讯Next Idea、QQ音乐共同打造了新文创项目"古画会唱歌"。Next Idea音乐创新大赛仅在一个月里，便收到了500多首原创音乐作品，吸引了超过400万用户为这些作品进行投票。在这一活动的引导与推动下，古画的魅力在新时代里以新的形式被呈现，并在年轻消费群体的积极参与下，极为迅速地发展成为一种潮流文化。

以高科技、新科技手段来赋能中华传统文化，再结合互联网新型媒介，中华传统文化得以通过非一般的速度，覆盖了大众生活的多种场景，逐渐搭建起一条能够连接年轻消费群体的情感桥梁。可以说，当传统文化具备了与现代文化接轨的能力时，深度挖掘优秀传统文化的魅力，然后通过对传统文化内容的创意、创新与再造，使之成为一种新的潮流文化，已经发展为时下的一个重要主题。

2. 重新塑造文化的新形态与内容，创造性地融合多种载体

时至今日，以往适用于传统文化的语境土壤和当下的语境土壤是截然不同的。因此，用当代的话语体系去展现传统文化之美是非常重要的。在守正创新思想的指导下，我们要深度剖析传统文化的新时代魅力，找到与时代的契合点乃至与组织（企业）的结合点，这样才更有助于让传统文化真正在大众身边生动、活跃起来。

在科技飞速发展的当下，借助于新形态媒介，传统文化在当代也有了新的表达方式，穿过大街小巷，走近社会大众，在新时代开出灿烂的花朵。

近年来，传统文化的创新探索实践已经非常之多。比如，电影《哪吒》从国内市场走向了海外市场，故宫文创产品成为网红热卖品，敦煌文化竟然可以借助人们手中的客户端而被看见……

2020年4月21日，敦煌研究院与腾讯公司联合开发了一款现象级文旅产品"云游敦煌"小程序。仅仅上线两个月，这款小程序的浏览量便累计突破了1200万人次。这不仅是文博在线游览的代表作，还是中国乃至全球数字文保领域的里程碑。

在"云游敦煌"小程序上，动画剧《神鹿与告密者》重新演绎了中国神话故事《九色鹿》。"敦煌动画剧"与传统动画片有所不同，表现在：它并不是对壁画故事中的人物形象进行重新绘制，而是通过数字化手段对壁画进行修复和还原，在此基础上再对故事中的人物形象进行动态化制作。此外，开发者还特别设置了与App用户进行互动的程序，用户甚至可以为剧中人物配音，以此感受到更多的趣味性和参与感。

如果用户愿意深入游览小程序，还可以直接抵达"敦煌诗巾"小程序——这是近年来，敦煌最为外界称道的一款文创产品尝试。和普通丝巾固定款式设计相比，这款丝巾在与用户互动方面呈现为一款任何用户都能参与的设计游戏。在"敦煌诗巾"小程序上，用户可以自由选择某款主题元素。比如，对于第257窟的九色鹿主题，用户可以在200多个来自藻井图案细节中挑选设计元素，在亲自完成DIY设计之后，即可将其置入数字展览馆进行参展；还可以选择一键下单，定制属于自己的实物纪念品。这种超强的互动程序，充分融合了代表中华传统艺术成就高峰的敦煌壁画元素，这也是"敦煌诗巾"得以在业界风靡的重要原因之一。

相信说到这里，我们已经意识到一点：无论是"国潮"元素的涌动，还是中国优秀传统文化产品在海外市场实现快速"圈粉",这都是因为国人努力尝试更新颖的形式,更生动地把中国的经典文化讲述给更多人听。越来越多的企业或组织通过与游戏、影视、动漫等新时代数字媒介的创新式融合,让新时代高科技与中华传统文化艺术实现碰撞与融合。如今,中国传统文化已经引发了社会大众的广泛关注,也成为传统文化走向海外市场的一种成功途径。

3. 深度挖掘传统文化的精神内核,打造独特的文化符号

努力挖掘传统文化的精神内核,结合时代特征实施创新性的文化传承,让文化被更多的民众所感知,这已经成为新时代传统文化的新命题,也是对中国传统思维的新挑战。

2019年,腾讯"王者荣耀"携手越剧,展开了深度的文化跨界合作,生动地塑造了传统文化在当代的新形态。腾讯公司联合浙江小百花越剧院以及中国戏剧家协会副主席茅威涛,将百年非遗——越剧重新带进了年轻人的视野。

不同于以往的是,在这一次合作中,双方不仅打造了一款越剧文创皮肤,还全力打造了一个全新数字文化IP——越剧虚拟演员上官婉儿,将传统艺术与数字文化进行创新融合再造,由此形成了一种流行文化,带动了传统越剧的破圈突围。而且,"婉儿"作为越剧演员还从幕后来到台前,通过全息技术演绎了越剧剧目《梁祝》中的经典选段。此外,"王者荣耀"还特别打造了婉儿数字互动展与用户进行长期互动,针对性科普越剧文化,"婉儿"将常驻小百花越剧场进行演出。总体来说,对于"王者荣耀"与越剧双方而言,这是一次极具突破性的尝试之举,也是舞台艺术文化与数字

科技进行深度融合与创新的典型实践。

从实践效果来说,这次新文创合作活动取得了非常突出的成绩。据统计,该项目的总曝光量超过 15 亿人次,相关微博话题的阅读量超过 7 亿,越剧创意 H5 上线 5 天的访问量突破了 6500 万,超过 6400 万名用户获得了婉儿这款限定文创产品皮肤。通过这次合作,越剧借助互联网科技获得罕有的、非一般量级的曝光度,而且这部分群体中以年轻用户居多,可以说其取得的传播价值是难以估量的。

概括地说,这次创新性的活动尝试向人们传达一种独特的文化呈现方式——深度打造越剧 IP,将舞台艺术与数字科技进行融合,用全新的艺术表现方式来释放传统文化中的精华之处,呈现其文化价值。因此,这种创新方式也获得了行业及大众等多方的一致认同与肯定。

近年来,在以"科技+文化"的企业核心战略下,越来越多的企业加入新文创的探索与实践中。他们在线上打造着以 IP 构建为核心的文化生产方式,而后通过文化价值与产业价值的良性循环,打造出一种独特的文化符号。这种全新的文化生产方式的探索与实践业已取得了初步的成效,大大增加了行业内人士对文化创新与发展、文化产业发展的信心。

如今,传统文化生产方式正处于剧变的状态中。人们正在以高科技来为中华传统文化强力赋能,激活传统文化的内在活力,拓展中华传统文化的表达方式及内容形态,持续助力中华传统文化实现在新时代的转型升级。越来越多的中国文化宝藏正在被创新性塑造,重新成为当代中国的流行文化符号,更广泛地呈现在更多人的视野之中。

创造多样化的文化传播形态，生动呈现中华传统文化之美

从文化红利打造与实现的角度来说，企业（或组织）的一个实践重点就是：在理解传统文化的基础上，打造独特的文化输出形态，传递传统文化中令人心动的方面——当受众被文化所吸引，其红利价值才可能得以呈现。

目前，人们已经对这方面进行了很多探索与实践，比如，通过与游戏、动漫、影视、短视频、文学等形式进行结合，有效传播优秀的传统文化，甚至打造出许多可以深度挖掘潜力的文化 IP。

1. 创新可视型文化产品，开发实体产品与线上产品

可视型文化产品是非常便于文化传递的载体，也是开发成本更容易被组织（企业）所接受的载体类型。总体来说，可视型活动产品有多种形态，如图书、电子书、短视频、App 等。

比如，东方出版社出版的图书《你好啊，故宫》，主题限定为故宫中的人物，以趣味化的形式传递了中国传统文化中的知识。还有一款专为儿童研发的故宫线上课程，其时间长度为 260 分钟，是一种可听可看的中华美

学学习产品。它是由故宫专家潜心研究的 100 个艺术知识组成 19 个音频和 6 个视频，极具艺术性地描绘了故宫形象。

此类产品的内容是经过文化传播主体选择的，它们的内容质量是有一定保障的。美中不足的是，受众的体验感因未能直接体验而存在意犹未尽之感，缺少现场体验的真实感。

2. 开发体验型文化产品，突出现实服务或线下活动体验

身临其境的体验是感知文化、了解文化的最直接途径。一个最典型的案例就是故宫的新文创、基于 VR 技术研发的线下体验、研学实践等。

2003 年，在古老的紫禁城，诞生了一座最先进的故宫文化资产数字研究所。这个数字研究所是由故宫博物院和日本凸版印刷株式会社共同创立的，旨在应用最先进的数字化技术，来留存、保护和展示故宫中极为珍贵的人类文化遗产。该研究所送给社会大众的作品之一是"故宫 VR 系列"。故宫 VR 系列产品目前主要有：《紫禁城·天子的宫殿》《三大殿》《养心殿》《倦勤斋》《灵沼轩》《角楼》《御花园》等，这些产品都是基于剧场环境的虚拟现实节目。

2016 年 6 月，故宫博物院景和门区域的"故宫文创儿童体验店"正式向公众开放，3—12 岁的儿童还可以在体验店里进行文化互动体验。在这个体验店中，共计有 3 个开放区域，可容纳约 20 个人参加亲子活动，主要分为"游、学、玩、赏、做"5 个活动部分。此外，故宫还开展过多期学生暑期夏令营，学生们可以聆听老师讲解文物知识、趣味故事等与中华传统文化相关的内容，增加学生们对中华传统文化知识的深度了解。

其他企业（或组织）也可以此为借鉴并获得启示：立足历史文化的积淀，创造性地设计普通民众或某些特别群体乐于参与和投入其中的体验活动或服务，同时确保这些受众群体在此类活动中获得高水平的体验感，保障活动的长期可持续性，并提高受众群体的付费意愿。

3. 重视文化输出，传递大国文明，建立友好的国际关系

文化的输出是在文化传播过程中的必然结果。关于文化输出的历史由来已久：在唐朝时，有西方传教士来中国传教，鉴真大师也曾多次东渡日本。马可·波罗曾把他在元朝的亲身见闻带回了欧洲。明朝时，郑和下西洋，促进了经济贸易和中国文化传播。即便时至今日，文化输出仍然是一种在不同国家与民族之间获得观念认同、建立友好关系的管道和模式。

根据孔子学院官方网站介绍，孔子学院是一个通过中外合作模式而建立的非营利性教育机构。该学院的创办宗旨为："适应世界各国（地区）人民对汉语学习的现实需要，增进世界各国（地区）人民对中国语言文化的进一步了解，加强中国与世界各国教育文化的深度交流与合作，发展中国与外国之间的友好关系，促进世界多元文化的持续发展。"孔子学院的工作重点就是提供汉语教学、培训汉语教师、提供汉语教学资源、开展中外语言文化交流活动等。2004年，全球首家孔子学院在韩国首尔正式设立，此后陆续在世界各地建立孔子学院分校。截至2018年12月，中国已在154个国家和地区建立了548所孔子学院和1193处中小学孔子课堂，注册学员多达210万人，中外专兼职教师多达4.6万人。2020年7月5日，在《中外语言交流合作中心设立公告》中显示："孔子学院"品牌由"中国国际中文教育基金会"全面负责运行。

除了国家层面的文化输出之外,中国民间也有很多成功的文化输出范例,很多社交平台上关于"中国文化输出"的讨论几乎不绝于耳。比如,李子柒的中国美食视频在国内外热播,费玉清的歌曲《一剪梅》也在海外爆红。

歌手费玉清的歌曲《一剪梅》快速在欧美地区流行,可以说也是中国文化输出的一部分——它让更多的人了解了中华文化。这其中,既少不了互联网媒介在此过程中的"推波助澜",也少不了电子设备发挥的重要作用。

在互联网技术的帮助下,即使人们身处异地,也能轻松而方便地了解到其他民族地域所诞生的文化以及最新发生的事件。现在,几乎人手一部手机或者其他类型的电子设备,这为人们之间进行有效的文化交流提供了很大的帮助。《一剪梅》就是一个很好的实例:这首歌曲先是在一小部分人群中传播,经过一段时间的传播之后,被越来越多的人听到,于是形成了火爆点。现在,人们甚至会在欧美的酒吧、商场听到这首来自中国的歌曲,可见它的火爆程度。

2020年7月,Beauty Cam美颜相机推出"新国风妆",并在日本的社交平台上迅速火爆起来,再次刮起了"中国风"。

Beauty Cam美颜相机将汉朝、唐朝、宋朝、清朝四个朝代妆容中最具有标志性的部分，借助现代妆容进行了经典演绎。在"新国风妆"风格产品推出后，不仅在国内广受欢迎，还在日本引起了强烈的反响。在Instagram和YouTube上，大量的博主表达了对"新国风妆"的喜爱，并热情地向自己的粉丝进行推荐。

日本美妆博主@katty0531love表示："现在非常流行这种中国风妆容，效果太棒了，从来没有化过这样的妆容，十分推荐！"她们惊叹着BeautyCam美颜相机的厉害之处——可以进行非常细微的修容处理，而且她们也对不同年代的中国风妆容感到新奇，并邀请自己的粉丝们一起尝试。

此次中国风妆容的走红与此前中国古装剧在海外的传播不无关系。2012年，日本电视台BS Japan引入了《步步惊心》，开播不久便成为电视台播放量最高的电视剧。事实上，该剧中的"中国风妆容"给日本女性群体留下了非常深刻的印象。此后，《甄嬛传》等中国古装连续剧也陆续在日本开始播出，随即掀起了一股追捧中国风的热潮，这也为中国风妆容在日本的爆红奠定了文化认知的基础。

据统计，在YouTube日本平台上，#中国風メイク#话题（意思为#中国风妆容#）相关视频的播放量迅速超过了1000万人次，其中日本美妆博主@nanako录制的中国风妆容视频单个的播放量就超过了108万人次，这在日本已经属于较大的播放量级别。

如今，越来越多的产品形态正在接过文化交流与传播的火种，用数字化的现代传播手段，推动着中国文化与世界文化之间的有效交流。这些文化产品如同一个国家、民族的分身，在海外之地呈现并传递着极具特性的文化精神特征。

应用跨界思维，与不同文化建立链接，创造性地传递文化

从字面意义来看，跨界是指交叉、跨越。所谓"跨界思维"，是以更大的视野，多角度地看待问题和提出解决方案的一种思维方式。跨界代表着人们要突破在思想、文化、经营等各方面的固有边界，是一种倡导大胆尝试、突破传统、开拓创新的理念与实践。

1. 跳出企业经营的单一模式，努力突破固有的边界

很长时间以来，中国诸多产业处于一种"专注的"发展模式之中。比如，处于娱乐领域的企业以卖门票作为盈利模式，处于教育领域的企业将收课时费作为盈利模式，处于动漫产品开发领域的企业将收取版权播放费作为盈利模式等。这种专注的组织管理范式和发展模式同时意味着"单一""局限"，而且这种相对孤立的思维模式要想在激烈的市场竞争中脱颖而出已经越来越困难。

随着企业的经营规模越来越大，行业内部的关联也变得越来越密切。在这样的发展形势下，企业经营与发展战略开始倾向于通过跨界模式来获得更多的利润和收益。

文化红利

依爱夫公司是一家专业研发制作儿童游戏装系列产品的企业。该企业不仅在服装设计中融入了游戏元素，还创造了一个儿童室内游乐品牌——伊佳林开心梦工场，努力为孩子们创造了一种融合角色扮演和情境创作的具有独特性的活动体验。

广州市成美创意文化传播有限公司（以下简称成美创意）摆脱了传统玩具行业的局限，开始在体育、旅游等版块上开拓更大的"疆域"。该企业以中超联赛作为切入点，与六支中超球队（包括恒大、上港、富力等）展开了深度合作，为这些球队开发周边产品、吉祥物衍生玩具等。此外，该企业还与长隆集团、万达集团等企业达成了战略合作伙伴关系，参与了一系列包括广州、珠海长隆及清远最新旅游项目在内的产品开发，还配合协助了万达乐园衍生产品的深度开发。随着成美创意的产品与明星一起出现在影视作品中，其产品也自然而然地获得了不容小觑的市场热度。

在上述两个案例中，既有"童装＋游戏＋室内游乐场"的跨界实践，也有"玩具＋体育""玩具＋旅游"的跨界实践。尽管这些实践尚且无法概括业界实践之全貌，但是它们无不传递着企业的一个经营特征——文化与娱乐的融合与多元化呈现。

事实上，不仅是婴童行业，很多行业企业都已经开始借助自己的品牌价值，开展多元化的业务经营。此外，这些企业还立足自身核心能力，与相关行业合作开发各类衍生产品，这些都属于跨界经营的典型模式。

2. 选择恰当的跨界形式，获得理想的文化传递与品牌传播效果

常见的跨界形式有品牌联合、流量合作等。不同的跨界形式有不同的特征和应用要求，也会产生不同的效果。

第五章　守正创新，创造性地传承传统文化

（1）品牌联合

开展品牌联合活动的目的在于品牌借势，提升双方品牌知名度或塑造品牌形象。由于每个品牌的运作渠道有所差异，很多时候，一个知名品牌在对外宣传的时候，都会借力。跨界品牌活动不仅能利用自身的渠道资源，还能借用对方的渠道资源，使自身的产品能够覆盖更多的目标消费群体。一方面，产品的曝光机会得到了增加；另一方面，企业可以通过对方的品牌调性来为自己的产品赋予一种具有吸引力的文化元素。

RIO鸡尾酒公司联合六神花露水公司推出了一款花露水味鸡尾酒，这种跨界的玩法被人们评价为"清奇之举"。这一合作开发模式是以一种冲突式的产品联合来塑造两个品牌的形象。这款产品限量限时发售，几乎在几分钟内便被抢购一空，其火爆程度可见一斑。而且，在此次活动上线的几天内，形成了全网传播的超级口碑效应。按惯常思维模式，花露水味的RIO鸡尾酒的口感估计不会多么好喝，但是在猎奇心理的驱使下部分消费者仍然会为这款产品买单。

对于发展已30多年的国货品牌来说，六神花露水的品牌形象已经开始老化，很多年轻消费者觉得这款产品是20世纪的产物，为其贴上了"老土"的标签。所以，如何打动年轻消费者，这是六神花露水在市场推广上的一大痛点。

然而，通过这次看似"出格"的营销玩法，六神花露水快速收割了一大波年轻消费者，让六神花露水产品的年代感弱化，更显年轻化，这一点得归功于RIO鸡尾酒的文化注入与能量加持。而从RIO鸡尾酒来看，这一

波市场营销操作为其带来了巨大的用户关注量和天猫店铺流量。因为，通过联合中国传统品牌一起进行市场营销，这让 RIO 鸡尾酒品牌文化中呈现一些本土化、亲民化的色彩，更容易拉近与国内消费者之间的距离。

（2）流量合作

流量合作的目的在于达成流量增长目标。在智能手机普及后，App 成为线上产品的主流形态，而每一个 App 就像一个"流量孤岛"，每个 App 都拥有自己封闭的流量池。是否可以打破"孤岛"，建立各流量池之间的联系？对于流量运营者来说，这是一件很有价值的事情。

可以说，生态型企业在流量交换方面占据了天然的优势：它们通过一个巨大的流量池，培养起来很多垂直类的 App。而在新 App 的成长期，其流量助力的效果是非常明显的。

那么，对于一个独立 App 而言，是否还有机会去享受流量合作模式所带来的效益增长呢？事实上，只要双方产品之间具有交叉用户，且不存在竞争关系，那么流量合作就会成为一种可能。

2016 年 12 月，神州专车在航旅纵横 App 接入"接送机专车"入口。借助这个入口，航旅纵横与神州专车可以同享一个神州专车账户的接送机服务项目，而且在航旅纵横里还可以为用户在神州专车的"接送机服务"账户进行预先充值。

通过 API/H5 媒介，将服务入口接至合作平台上，这对于神州专车来说，是获得了一个千万级的流量入口；而对于航旅纵横来说，则有效补充了其生态中市内运输的服务板块，大大提升了用户的产品使用时长。此外，一个更为直观的效益便是双方以流水分佣的形式进行合作，这大大增加了平台的流量价值。

除了通过入口的合作形式之外，活动合作也是一种非常适宜的流量合作方式。具体来说，就是让两个 App 产品之间互换资源位，诸如开屏、弹窗、banner（旗帜广告）等都是相对优质的流量位。总体来说，活动合作的模式是比较方便的。如不涉及落地页跳转等特别功能，双方在活动合作时只需要敲定好活动策略，准备好相关的活动素材图片，即可按时组织上线运作。

相比较而言，流量合作的效果可以说是立竿见影的；活动合作的影响面则更为广泛，只是其转化的数据不易于统计。

3. 明确跨界的目的，把握跨界重点，打造无限创新的可能

跨界的主要目的是"借智"。跨界最难跨越的不是技能之界，而是观念之界。在实施跨界合作，与不同文化建立连接时，要讲究"门当户对"。具体而言，可以从以下方面予以控制。

（1）定位趋同或差异化较大

在实施两个品牌的跨界合作时，两个品牌的基本定位应是大致相同的。如果将企业予以拟人化，那么品牌定位就如同这个企业的性格定位——只有两个性格相融的企业，才会达成最终的合作意向。

而且，两个企业必须是"门当户对"的，这样的企业才会碰撞出火花。具体来说，企业之间的品牌力、用户量级、品牌调性是相似的，这是企业建立合作关系的前提和基础条件。

2019 年，天猫联合头部卖家打造了"天猫 × 全棉时代""天猫 × 青岛啤酒""天猫 × 自由点"等一系列国潮跨界活动。此次活动将"潮"作为品牌双方的共同定位点，其活动目标主要指向年青一代的消费者群体，通过与诸多年轻人喜爱的品牌进行合作与传播，将新潮的文化元素纳入天猫品牌之中。

当然，跨界合作的品牌定位是趋同的。这并不是说它们必须具有完全相同的品牌调性。有时候，两个具有一定差异化的品牌合作，反而会产生一种让人想象不到的传播效果。比如前文阐述的RIO鸡尾酒与六神花露水合作就是一个典型实践案例。此外，像气味图书馆与大白兔奶糖合作推出了"回忆糖果味香水"，可口可乐公司联合菲诗小铺推出了"可乐彩妆"，这些跨界合作项目活动都取得了不错的市场效果。

（2）用户群体有交叉点

进行跨界合作时，合作双方的用户群体之间的交叉区域越多，则跨界活动所能产生的"带货"效果越明显。事实上，那些非品牌用户在跨界活动中主要在于"看热闹"，品牌的目标用户则会实实在在地去"选单"。

如果希望通过跨界活动来带动企业品牌的客户流量，那么不妨先思考一下：我方产品与对方产品的用户群体之间存在多大的重叠度。一般而言，用户群体画像的年龄层次、地域分布、消费能力、推广渠道等信息，都是进行评判交叉人群量级时的主要依据。

比如，天猫平台举办的一系列国潮跨界活动，便是一种顺势而为的跨界经营模式。这是因为，天猫平台掌握了丰富而数量巨大的用户信息和消费数据，在组织品牌联合活动的时候，天猫平台完全可以依靠大数据管理能力，去甄别自己的合作伙伴，并在后期活动推广过程中对交叉人群进行定向的信息推送。

（3）联想活动场景

当希望实现跨界的两个品牌决定合作之后，双方需要一起联想一个具体的活动场景。特别是那些以流量获取为目的的跨界项目或活动，更需要围绕目标用户的实际需求进行活动场景的联想。

航旅纵横是一个从事航空信息查询业务的综合平台。一般而言，用户在进行航班查询和办理完线上值机业务之后，就会关闭该 App。客户下飞机之后会再去打开叫车软件。这个过程对于航旅纵横来说，相当于是用户的短暂流失。因为，只要用户出现了"离港""到港"的打车需求时，神州专车就会将其专车服务需求接入航旅纵横的 App 中。这个客户需求是真真实实存在的。可以说，在网约车行业中，场站（主要指机场和火车站）场景是一个非常重要的业务场景，其订单量达到总订单量的 20% 以上。

此外，企业对产品表现方式的联想也是非常重要的。如果企业通过将用户放置于一个"使之惊喜"的使用场景中，那么企业在直接获得曝光度的同时，还能创造用户和媒体进行自发传播的应用效果。

事实上，对场景的联想还可以应用到很多流量运营的活动中，这是一个值得所有运营者深入探索和创新思考的方向。

突出文化载体的价值所在，实现从免费到付费的转变过程

文化红利的重点在于促使文化载体为行为主体取得一定的收益。而要想让文化载体实现其市场价值，就必须重视文化载体的价值。

1. 从传统文化中寻找突破口，稳健开启知识付费模式

近年来，随着移动互联网和手机支付普及，以及中国人对精神文化生活的追求意愿越来越强烈，中国知识付费经济呈现井喷式、爆炸式的发展。在资本市场的强力助推之下，诸多文化行业从业者的身影出现在知识付费的平台上，中国传统文化成为他们寻求突破的重要出口。如今，越来越多的从业者开始对人们耳熟能详的唐诗与古文进行深耕，并以此为基点向其他领域持续拓展。

2018年元旦，胡婷婷在上海参加"婷婷诗教·音乐会"。"婷婷姐姐"品牌创办者胡婷婷当年为了哄儿子睡觉，决定把唐诗《将进酒》唱给孩子听。后来，她把这段音频作品上传到音频分享平台喜马拉雅FM上，发现反馈效果很不错。这时，此前在电商平台工作的胡婷婷，非常敏锐地发现了其中的商业价值。

随后，胡婷婷将150多首古诗词与京剧、黄梅戏、弗拉明戈等多样表

现元素融合，结合古诗的意境，将这些古诗词谱成曲子唱了出来，并开发出"婷婷唱古文"和"婷婷诗教"两个音视频产品。目前，她的粉丝数量达 580 万，付费用户 20 万，歌曲播放量 3 亿多次。

胡婷婷的诗教节目已在国内 9 家电视台播出，并向海外 3 家电视台输出版权。北京、上海、广东等地 1 万余所幼儿园已引入诗教内容。胡婷婷还将《论语》《三字经》《道德经》等国学经典谱曲，并将其推向市场。此外，胡婷婷公司与科大讯飞合作的国学智能机器人也已经于 2018 年 6 月初上市。

近年来，越来越多的企业、组织、个人尝试将文化内容与技术相结合，让中华传统文化向现代高科技手段借力，通过各种有互动、有反馈的多元化学习方式，让人们更愿意去接受和理解传播主体向公众传递的文化内容。

如今，像胡婷婷这样从中国传统文化中寻找商机的创业者和从业者并不鲜见。比如，"凯叔讲故事"将《西游记》《三国演义》《声律启蒙》等国学经典搬上内容付费平台，它在 2020 年初完成了 6600 万美元 C+ 轮融资，在一年时间内获得了累计超过 1.2 亿美元的融资额。

随着各家平台投入的不断增加以及更多从业者的持续涌入，知识付费产业如今已经覆盖知识电商、社交问答、内容打赏、社区直播、讲座课程等多个类别，产业市场在不断地扩大。据《2018 年中国知识付费市场研究报告》显示，2017 年中国知识付费产业规模已近 49 亿元，同比增长了近 3 倍。

2. 突破文化付费的困境，把握用户理性付费的心理转变

有人说：从古代夫子接受束脩开始，就表明"知识具备了商品的属性"，而知识付费也是这个时代的"大势所趋"。目前，很多知识文化学习型网站在经过一定时间的发展之后，都已经拥有了一大批的忠实用户群体。比如，借百词斩的人气基础而建立起来的"薄荷阅读"，以注重优秀品质而拥有最高用户忠诚度的"扇贝单词"，等等。

但是，单一的文化付费产品会很快滋生用户的倦怠心理。那么，如何将其构建成多元联动的循环发展模式呢？如何使其更加符合消费者自身独特的需求呢？如何把握市场盈利的尺度，以更加柔性、温和的方式让消费者觉得产品"物超所值"，进而使其主动、自愿地为文化学习买单呢？这些都是在推进文化付费继续发展的过程中需要企业慎重而系统思考的问题。

此外，企业也要留意当下文化付费模式中常见的经营困境，并积极探求解决问题的有效途径和方法。

（1）知识产权缺乏保护

基于网络技术的便利性，很多人可以通过文化付费而获得收益。这个过程中，部分人打起了盗版的主意。比如，一些人在网络上以交底的价格去贩卖付费音频、网校课程等内容产品，这种做法直接侵犯了作者的知识产权，在很大程度上破坏了知识付费产业的经营秩序。我们应认识到，版权是群体利益的起点，侵犯版权的行为则会打击内容生产者持续输出高质量产品的主动性和积极性，最终在产业发展过程中形成一种恶性循环。

（2）内容产品质量参差不齐

近几年，随着国内图书市场的竞争日益激烈，版权成本逐年提高。而公版书即公共版权书籍，属于不受著作权法保护的作家、艺术家及其他人士发布的作品，出版这类图书不会侵犯作者的版权。故许多出版社、书商都把"公版书"作为盈利的工具，导致大量"公版书"充斥图书市场，让人眼花缭乱。网上搜索《西游记》，能搜到近千个版本；搜索《白雪公主》，能搜到几百个版本。因此，建立有效的内容筛选和推广体系，是让更多消费者群体愿意为文化知识付费的关键所在。

　　立足当下，面向未来，文化付费、知识付费势必越来越受到人们的重视，人们对文化传播的途径和模式的要求也会越来越高。比如，文化传播的高质量、多元化、创造性以及面向用户或消费者不同需求的契合度等，这些都是需要企业和广大从业者重点考虑的方面。

第六章
聚焦文化IP，
打造文化生态圈

IP（Intellectual Property，即知识产权），可以以某个故事、角色、技术或者其他任何大量用户喜爱的事物等形式出现。伴随着新媒体的崛起，IP已经成为产品之间的连接与融合，成为一种具有较高辨识度、自带流量、较强变现能力、较长变现周期的符号。时下，一大批社会效益和经济效益较好的IP产品已经诞生，并承载着一种强大、富足且独特的精神力量，助力文化生态的发展。

吸引资源，转化文化势能，激活文化引爆点

无论是国内的商业竞争还是国家之间文化软实力较量，它们都在一定程度上包括文化 IP 之间的竞争。比如，好莱坞电影通过塑造诸多经典 IP 形象，吸引着全球数十亿规模的观影对象。如今，IP 的塑造与优化已经成为设计世界级企业文化符号、提高国家文化软实力的一种有效的方法。目前，越来越多的中国企业正在以文化 IP 建设为主要途径，借助中华优秀传统文化价值观来提高文化凝聚力，进而打造更多具有广泛影响力的中国文化符号，激活文化引爆点。

1. 沉淀和提炼传统文化的内涵，打造传统文化的新势能

在人类历史发展的过程中，我们并不缺少优秀的文化资源，而各种文化也因各自发展历史和发展路径的不同，存在或多或少的差异。所以，不同文化进行交流和发生碰撞之时便会出现一定的势能，我们称之为"文化势能"。

2008 年北京奥运会的成功举办，堪称"中华传统文化借助奥林匹克文化的势能来加快传播速度"的一个成功案例。在此次奥运会的开幕式上，中国四大发明、中国戏曲、丝绸之路、天人合一思想等元素的完美融合，

将中华传统文化元素和中华优秀精神呈现得淋漓尽致，让全世界人民看到了灿烂辉煌的中华文化在传承数千年过程中所形成的积淀与精华。

自2008年奥运会成功举办之后，中国的入境旅游人数大大增加，极大地拉动了旅游业的快速发展。据统计，在奥运会期间，入境至北京的游客40万—45万人次，而前来北京参加奥运会的世界各国贵宾、报道赛况的媒体记者、观赛人员、参赛运动员及教练员，共计600万—700万人次。通过此次奥运会的承办与文化宣传，中国的国际形象和知名度得到了极大提升。

奥林匹克文化在世界各地的发展和传播过程中是远远优于国家与民族的文化的。后者通过与前者这种强势文化的碰撞与融合，更容易被其他文化接受和认可，而如何让文化势能实现更好地转化，是一个非常值得深度探讨的议题。

2. 多层面发力与延伸，实现文化资源的价值最大化利用

文化资源的应用、发力与延伸，还涉及人类生产与生活的很多方面。下面以文化出版领域为例，从三个层面：阅读欣赏、创意衍生和信息服务进行分析。

在一些出版机构中，传统出版创造的收益仅仅是它们总销售额中的一小部分，而大部分收益来自创意衍生文化产品的开发，包括影视、演艺、礼品、收藏品、艺术品的开发。比如，将中国传统建筑艺术与图书、手工拼装、工艺摆件相结合。这样的产业经营思路正是中国台湾形象策略联盟执行长林采霖所推崇的。

在此过程中，林采霖始终致力于实现本土化、国际化、产值化、云端化的价值链建构与创新，以中国台湾米茶酒、庙口文化等平民美学产品成功推广为例，生动地阐释了中国台湾文化创意产业的地化理念。这其中极为重要的一点就是结合生活和体验去满足大众的审美需求。

关于文化创意产业的未来与发展，林采霖提出了这样的观点与建议："希望文化创意产业不要变成一种文化精品或者文化艺术品，不是否定其文化艺术品属性，而是我们应该推动平价美学和平民美学的发展，才能真正实现文化创意产业产值化。"

在奇虎360首席商务官刘允看来，文化资源要想实现价值最大化利用，其中的关键点便在于企业善用文化。他以新西兰曾于2012年推出的首部"霍比特人"主题飞行安全视频"万米高空的意外之旅"为例，说："曾经在短短一星期内，You Tube上有900万人观看这么小的航空公司的视频，这个公司是最懂得在新的互联网环境下做宣传和促销的，美联航等很多大公司反而要去学习他们。中国那么多文化资源，那么多戏剧文本，那么多故事可以传播，我们做得如何？不要说中国的电商如何，网民有多少，那都是数字的概念，更多的应该是文化内涵。"

3. 案例：故宫成为超级文化IP，激活了更多的发展可能

如今的故宫，已经不可小觑其作为"超级文化IP"的魅力。故宫有近600年历史，有着庞大的皇宫建筑群和大量的文物，被视为中国传统文化的典型文化符号象征。因此，中国人对故宫具有强烈的民族归属感和文化认同感，这也是今日故宫能够成为文化领域超级IP的一个认知基础。

而说起故宫IP的打造，就要说到故宫博物院的院长单霁翔。他于2012年上任后，便开始了对故宫IP的打造工作。他走遍了故宫9371间房子，绞

尽脑汁地争取到领导划批的4亿元的文物保管预算费用,凭借搞笑段子而红透国内网络。更重要的是,他还联合与北京故宫相距1700多公里的台北故宫做出创新探索实践之举。

(1)试水新媒体,开启故宫IP打造之路

2013年,台北故宫推出的"朕知道了"纸胶带在市场上得到了极大认可,并在国内各大社交媒体上迅速爆红。单霁翔院长因之意识到故宫IP在文创方面隐藏的巨大潜力,由此开启了对故宫超级IP的规划。同年,故宫开始运营自己的微信公众号,早期文章呈现相对平实的风格、表述严谨的内容。

2014年,故宫的运作模式发生了极大变化。故宫淘宝发布了一篇公众号文章《雍正:感觉自己萌萌哒》,随后迅速吸引了人们的关注。在这篇文章里,雍正不再是严肃古板的皇帝形象,而是以呆萌可爱的形象出现。这种明显的反差感,使之深入人心,并由此晋级为故宫品牌IP的第一位代言人。

此外,故宫在尝试开发了"胤禛美人图"App之后,又上线了"紫禁城祥瑞""皇帝的一天""韩熙载夜宴图""每日故宫""清代皇帝服饰""故宫陶瓷馆""掌上故宫"等App。故宫App的制作精良,已经是业内的一项共识,部分App甚至被评为苹果商店的"年度精选"App。通过手机App的应用,故宫让用户与故宫文化之间实现了有效的互动,使更多人开始深度了解故宫文化以及其背后的故事。而通过手机App的应用以及文创产品的销售,故宫文化也创造出了不低的销售盈利额。

(2)开展跨界活动,呈现年轻化形象

2016年,一支名叫《穿越故宫来看你》的H5(移动端的web页面)

在朋友圈里迅速刷屏。这支 H5 实际上是腾讯公司 Next Idea 与故宫组织的一次跨界合作，其目的在于为 QQ 表情创作大赛进行更大范围的宣传与推广。

不过，故宫也借此打开了自己的构想与思路，创造了 IP 跨界的新玩法，诸如卡地亚、抖音、小米、百雀羚等大牌产品，纷纷向故宫传递创新合作的意向，而这些品牌几乎覆盖着全年龄段受众，特别是受到年青一代消费群体的广泛喜爱，成功地向各层级人员展现了一个源远流长又活力四射的故宫 IP，让一个形象鲜活的故宫 IP 得以真正进入大众视野。

（3）借助影视综艺节目，营造口碑与流量

除了线上的各类品牌联动之外，故宫还非常重视在影视类产品方面的投入。事实上，故宫对纪录片、综艺节目等各种类别的领域均有涉及。据统计，故宫目前共推出了包括《故宫》《故宫 100》《故宫往事》《我在故宫修文物》《故宫新事》在内的 5 部豆瓣高分纪录片。2018 年，故宫上线了三档优秀的综艺节目：《国家宝藏 1》《国家宝藏 2》《上新了·故宫》，这三档节目的豆瓣评分均在 8 分以上。每档节目都创造了非常好的口碑，这是非常难得的。

2016 年故宫纪录片《我在故宫修文物》，通过年轻文物修复师的日常工作过程，呈现故宫和故宫文物身上的诸多秘密，成了一部当年的爆款纪录片，这些修复师也成了"网红"。而 2018 年播出的《国家宝藏》系列，获得了 9 分以上的豆瓣评分。在明星加综艺的两大元素支持之下，进一步挖掘出故宫 IP 下具有巨大潜力的子 IP——文物 IP。

此外，故宫旗下的两家官方机构"故宫文创"和"故宫淘宝"还推出了与故宫关联的口红与彩妆，成为"国潮"品牌的最新代表产品。

（4）自带风景的事件营销操作

2019年元宵组织的"紫禁城上元之夜"活动是故宫在事件营销方面的最佳案例。当时，故宫官网先是发布了具体的活动时间和票务预约规则，然后提前发布了故宫建筑群的夜景图，做足了预先造势效果。这既是故宫首次在故宫内举行的灯会活动，也是首次夜间接受公众预约参观的活动。由于此次活动对准了元宵的节点，故而获得了节日事件营销的成功，门票预约页面一经开放便在一瞬间被抢光。

此次活动如此火爆，原因不仅在于故宫是中国传统历史、文化的符号象征，更重要的原因在于故宫被成功打造成了一个超级IP。

不得不承认，故宫是一个超级强大的宝藏IP。同时，它也是个IP集合体，拥有数量众多的子IP。每个历史人物以及文物又都能延展出无数动人故事，输出新的文化内容，并创造了巨大的商业价值。无论是自带风景的"墙内"事件营销，还是故宫在各类媒体平台上的可爱人设，以及刷屏的H5、推卖萌表情包……对于这些热点事件，故宫几乎皆有涉猎，不曾错过。这也使得这个600岁高龄的超级IP呈现富有生机的状态，被持续激发出积极与活力，并使之从国内走向了更多海外朋友的视野中。

打造文化IP，孵化IP内容，建立文化生态圈

在打造文化 IP 的基础上，企业还要关注 IP 内容不仅限于传统文化 IP，更在于 IP 即知识产权的一种人工孵化过程。这个过程最初出现在影视圈、娱乐圈、动漫圈里。这里，我们来探讨一下如何孵化 IP 内容，把握 IP 孵化的重点，以及实现企业跨界与 IP 变现。

1. 认识 IP 孵化的适用领域，准确把握 IP 孵化的重点

一位在动漫行业从业多年的创作者曾慨叹：很多动漫创作者都有过制作原创动漫的梦想，但是，很多人最终因资金、技术、人员等问题，而难以让自己的梦想变成现实。

2015 年 10 月，动漫从业者邹龚提出动漫 IP 孵化的概念。他结合"CG365"社群，从中筛选出一些好的 IP，随后运用手中的资金、技术、团队等资源，对 IP 进行孵化操作。然后将 IP 投入市场接受最终检验，使之接受资本的二次放大，使部分好的 IP 得以迅速地生根发芽、茁壮成长起来。如今，他的社群发展起来了 2000 名 CG（计算机动画）从业者。2016 年 1 月，"CG365"获得了洪泰 AA 加速基金的战略性投资。随后，他为原创动漫组建起了一支孵化基金，专门从事 IP 孵化。

可以说，目前所有的 IP 孵化过程都可以看到其参考的来源。比如，在几十年以前便声名大噪的金庸先生，其笔下的数十部作品使他和他的子女在多年后仍然可以获得可观的收益。所以，很多投资者希望能够模仿这一模式去操作。于是，大规模的孵化 IP 出现了。

那么，孵化 IP 适用于哪些范围又需要人们考虑哪些重点事项呢？这些可以从表 3 中窥见一二。

表3 孵化IP需要考虑的重点事项

注意事项	说明
适用范围	事实上，IP孵化适用于每个行业，但是IP的孵化有一定的先决条件，尤为重要的便是在投入产出比和动态未来这两个方面。因为，IP孵化基地必须是一个相对较大的项目，孵化者必须站在系统评估风险的角度，去选择一些较有前景的行业进行IP孵化
投入产出比	适用性是一个非常重要且深度的方面。一般而言，我们会认为投入产出比是IP孵化时必须考虑的方面。举例来说，对于一些较大的项目，必须有充足的积累和背景才会成功实现IP孵化，但是如果需要孵化的体量较小，那么就需要对收益情况进行系统评估，进而更精准地确认投入规模
动态未来	未来的改变，是一个不易于预测的方面。不过，某些小的方面却可以成为重要的参考因素。比如，在政策和技术的助力下，某一产物可能正处于未来发展趋势的辐射之下，那么便可以在一定程度上承担这种未来的风险。而且，IP孵化也需要具备一定的条件——如果目前仅仅表现为一种趋势，并且缺少孵化条件，那么这种IP也是不具有孵化价值的

如今，"跨界"在业界早已不是什么新鲜事了，越来越多的企业在借助"跨界"行动，向客户（或消费者）诠释一种不同于以往的新型生活方式，或者再现一种综合型的消费体验，以期为企业拓展一条更宽阔的发展道路。

如今，很多企业非常重视"娱乐化"，并相继将"娱乐化"作为企业的发展战略。以婴童产业为例，被动漫圈内人士称为"A 社"的奥飞娱乐公司，在 2012 年和孩之宝公司签署了战略合作协议；在 2014 年收购了"倒霉熊"在亚洲及其他一些地区的著作权；在 2015 年又收购了"有妖气"母公司。这些动作的频繁出现，并不稀奇。毕竟，它有着迪士尼的 IP 运作经验——《赛车总动员》的电影票房大约为 4.6 亿美元，而其在全球范围内推广的周边产品早在 2011 年便创造并突破了 100 亿美元的销售额。

对于奥飞娱乐来说，围绕 IP 进行商业运作模式，已经使之尝到了很大的甜头。从"80 后"有着深刻印象的玩具广告"奥迪双钻，我的伙伴"到《火力少年王》的轮换播出，其旗下产品四驱车和悠悠球产品一度创造了极为火爆的销售状态。再如"超级飞侠"系列的水杯、餐具、运动型玩具等衍生产品，更印证了其瞄准产品 IP 化的发展趋势。

事实上，奥飞娱乐的做法正是以 IP 与文化延伸作为连接点，系统打造全产业链，通过推动动漫 IP、玩具、婴童等多产业的融合与互相促进，进一步扩大了其产业覆盖面，提升和强化了其在整个产业和行业内的核心竞争力。

这个超级 IP 的打造堪称"文化红利"的成功案例。这也给了我们一点启示：企业跨界加娱乐经济之所以能够取得成功，其关键在于是否能够打造一个成功的 IP，而目前较为成熟的一种跨界模式，当属"IP+ 衍生品"的有机整合模式。

2. 打造 IP 产业价值链，打通企业跨界与 IP 变现的通道

美泰公司作为美国最大的玩具公司，在其数十年的发展历程中创造了

非常多的明星品牌和超级IP。时至今日，美泰旗下核心玩具品牌表现仍然是可圈可点的，非常吸引人们的目光。而且，美泰在与迪士尼、华纳兄弟等公司的合作过程中，还通过借助它们的经典IP形象及在电影方面的持续影响力，使得自己的玩具品牌、形象实现了与时俱进，使得美泰的各类产品都保持着较高的市场热度。

在相对成熟的美国玩具产业中，一直存在这样一条以内容为驱动的产业价值链（见图2），并由此实现玩具和游戏、动漫、影视不同领域间的成功跨界。

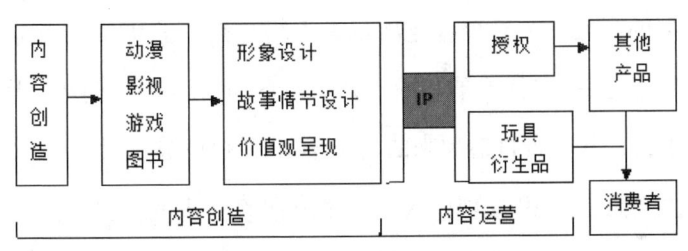

图2 "IP+衍生品"的产业价值链

迪士尼在创造IP以及内容变现方面成绩斐然。迪士尼故事有着自己历经多年打造并沉淀下来的超级IP，包括动漫、主题乐园、卡通周边产品等。据不完全统计，目前迪士尼在全球有3000多家授权商，其销售的与迪士尼卡通形象有关的产品多达10万种。而迪士尼的衍生品变现收入更是多达55亿美元，在全部营业收入中占了10%左右。

事实上，在整个IP商业价值链中，IP的拥有者可以获得非常丰厚的利润，其中一个重要的原因就是IP的拥有者可以获得多轮次变现。多轮次的变现途径如下：图书销售→动漫票房→衍生品销售→主题乐园门票与关联商业。

在这样的商业模式和产业价值链运作过程中，有三个问题非常值得重视。

一是产品是否能够火爆销售，在很大程度上要依赖于 IP 的产品生命周期，而 IP 的产品生命周期又明显受到大片效应的影响。比如，变形金刚电影的上映，便在很大程度上促进了变形金刚类产品的市场销量。也正是基于这个原因，授权 IP 的热度一旦出现消散，其衍生品的市场价值也会随之快速减少。

二是 IP 授权的代理商长期处于弱势地位，很可能因品牌商的市场战略调整而被替换掉。比如，天络行曾经是品牌授权管理商。2009 年，天络行顺利地取得了国产动画产品《喜羊羊与灰太狼》的 IP，并把这个 IP 运用到了各种类型的产品上。这个合作项目为天络行创造了 90% 的营业收入。但是，在一年半之后，"喜羊羊"的母公司被意马国际集团收购，天络行因此失去了代理权，其辛苦打造起来的喜羊羊 IP 授权也被收回。

三是大多数国产 IP 变现困难。大量成功的 IP 打造与变现案例，使得一些市场开发者产生了一种错觉：任何一个动漫形象或故事都可以打造成一个超级 IP，通过设计周边衍生商品而大获收益。于是，很多人开始忙于运作 IP 授权，各种 IP 活跃于影视、文学、游戏、动漫、体育甚至表情包等诸多领域。特别在动漫行业领域，因受到国家相关政策的扶持以及大量资本的入场与影响，新出现的 IP 形象多至难以计数。但是，这仅仅是一种数量上的迅速增长，却未能真正实现质的突破——大部分国产 IP 在变现上仍然非常困难。

IP 变现方面的难题，主要出于两个方面的原因：一方面是行业从业者急功近利，这导致很多 IP 在内涵设计上表现不佳，在短期内便出现了 IP 的生命透支，极大地缩短了产品生命周期；另一方面是在 IP 属性的拓展与延伸上尚不够丰富。目前大多集中在"动漫放映"和"衍生品销售"环节，未能形成多层次、立体化、生动性升级的娱乐文化消费体验。这两个方面导致中国行业市场上一直未能成功打造出一个真正意义上的超级IP。

这也给我们提供了一个非常有益的启示：不能让IP仅仅局限于某个单薄的动漫形象，还要确认其能够实现跨界、能够实现变现。事实上，每一家企业都有必要摸索出一条成熟的IP运营模式与商业运作体系，彻底打开跨界经营与现实变现的通道，这样才有可能创造出一条完善的、成熟的产业价值链。

合法使用IP，拉近与先进者的距离，快速提升竞争力

为了更快速地推动企业（或组织）的发展，提高企业的竞争力，企业要做到：努力自主创造专利，不随意抄袭他人创意，在法律允许范围内借鉴知识和创新，切忌为了获取短期利益而做出侵权之举。

1. 理解知识产权的涵盖内容，认识侵权行为的主要原因

1623年，英国颁布《垄断法规》，这标志着现代专利法的诞生。美国、法国、德国等西方国家也相继出台了相关法律，并于1883年共同签署《保护工业产权巴黎公约》。自此，专利制度的全球化进程得以全面展开。

（1）认识到知识产权的内容

根据中国知识产权方面的相关法律法规，知识产权主要包括工业产权和著作权两部分。

工业产权，也称产业产权，包括专利权与商标权。其中，专利权又包括三种类型：发明、实用新型、外观设计。而商标权是识别商业主体和产业活动的一项特别标志。

著作权，也称文学产权、版权，是指自然人、法人或者其他组织对自然科学、社会科学以及文学、音乐、戏剧、绘画、雕塑、摄影和电影摄影等作品依法享有的财产权利和精神权利的总称。

下面我们以迪士尼为例,对知识产权的概念进行理解、梳理和区分。迪士尼公司在知识产权管理上,主要涉及三个细分类别——版权、专利权和商标权。

迪士尼公司的版权主要表现为:动画形象及其演绎作品(漫画、音乐、电影等)、电影配乐。具体地说,从人物装扮、服装、道具、舞台场景,到后期生成的音像制品、图书等诸多环节都涉及其版权。

迪士尼公司的专利权不仅包括动画形象的外观设计,还包括迪士尼乐园的自主设计、娱乐设施建造。甚至于在机械、电子、光学等行业领域,迪士尼也获得了超过100项专利,比如3D扫描和无人机。

迪士尼公司为几乎所有的动画形象都申请了商标,仅在米老鼠形象上就申请了45类全类的商标注册,在中国境内拥有的有效注册商标数量多达千件。相比于具有一定时间限制的著作权和专利权,商标是可以通过续展获得无限期保护的。

此外,迪士尼公司通过运用多种类型的知识产权,推出了节目授权、商品授权、主题乐园授权的组合模式,知识产权成为迪士尼公司的重要利润来源。

据统计,迪士尼公司在1930年正式签订了世界上第一份真正意义上的特许经营合同。此后,迪士尼公司便开启了通过特许经营来获取利润的商业模式。米老鼠、唐老鸭、白雪公主、小熊维尼……众多可爱的动画形象为迪士尼公司带来了丰厚的利润。如今,迪士尼公司在全球范围内拥有超过4000家特许经营代理企业,其特许经营范围更是扩至家具、玩具、手表、服装等众多领域,其特许经营的收入在迪士尼公司收入中占据了很大的比重。总体来说，迪士尼公司在持续创作更多优质的作品的基础上，积极运用与经营其知识产权成果，正是这一点使其得以登上全球影视娱乐霸主之位。

毋庸置疑，获得商业回报是企业运用知识产权的最直接目的。但是，企业如果仅仅简单地计算申请知识产权所获得的经济得失，那么未免低估了知识产权带给企业的权益。

从大的方面来说，知识产权的价值体现在以下方面：第一，知识产权的数量和质量体现着企业的创新能力；第二，知识产权还能够增加企业无形资产，其优质专利和商标的市场价值是不可估量的；第三，排除竞争对手的模仿和复制，提高产品的市场份额；第四，在遇到其他企业出现侵权行为时，企业可以利用知识产权来维护自身的权益。

（2）认识企业出现侵权行为的主要原因

当下很多企业开始认识到运用知识产权的重要性，但是，知识产权保护力度的不足也给了其他企业以可乘之机。这些企业之所以敢冒侵权的风险，主要是出于两个目的：一是以模仿求快速发展，二是投机逐利。

为什么要以模仿求快速发展？这实际上是因中国制造企业早年发展的产业结构所影响和导致的。中国的制造业长期居于产业价值链的低端生产环节位置，各种核心技能、知识产权大多被外资企业所把控着，其后果是中国制造业所获得的利润率是非常低的。

一大批颇有商业头脑和战略眼光的企业家们并不甘于长期受制于外资企业的束缚与限制，但是他们的企业又缺少足够强大的研发能力，故而只能采取跟风模仿的方式脱离OEM（贴牌生产）之列。比如在20世纪风靡一时的"小霸王学习机",便是一家广东的电子企业模仿日本任天堂公司"红白机"所制造出的产物。此后,小霸王公司还推出了一系列游戏机、学习机类产品,也都是遵循"通过模仿来研发并生产"这种发展路径的。

曾经,因中国企业具有快速仿制能力而被称为"山寨大国"。事实上,如今的中国已经具备创新能力。而在这个追求创新和保护知识产权的时代,如果企业仍然选择机械模仿与复制,那么基本可以判断其初心的投机逐利特征。

2006年和2011年,迪士尼公司分别推出了两部《赛车总动员》,这两部电影获得好的业绩。2015年7月,中国出现一个与之相似度非常高的电影《汽车人总动员》。

这部《汽车人总动员》自上映之后便受到了观影者的广泛关注,收获了一片骂声,称这部影片为"绝世烂作"。除了该影片在制作上过于粗糙之外,该片还存在一个极大的问题——涉嫌抄袭《赛车总动员》的内容,甚至连宣传海报也非常相像。针对这种抄袭行为,观影者在豆瓣电影上对其给出了2.5分的低分。而面对众多观影者的质疑之声,导演给出了极具狡辩色彩的回答:"假如有个人长得像你,那他还犯法了?难道大街上的汽车长得不像吗?"甚至在其微博中直接将质疑者们称为"新时代的汉奸"。后来,迪士尼公司将《汽车人总动员》告上了法庭。2016年12月29日,上海市浦东新区人民法院做出一审判决,要求后者停止著作权侵权及不正当竞争行为,并赔偿相应损失。迪士尼公司胜诉,并获得135万元赔偿。

这次IP形象被抄袭事件是一起典型的著作权侵权事件。它告诉我们:

抄袭和侵犯知识产权终是要付出代价的。市场允许创新者合理地借鉴和学习，但不允许抄袭和使用他人的独创性表达，不可以侵犯他人的知识产权。

2. 杜绝抄袭的行为，抱持学习的态度，合法地提升竞争力

在企业经营实践中，部分创新创业者因自身技术能力受限，不能全部依靠自主研发，否则便可能丧失市场机会。此时，企业不妨通过选择直接购买技术的方式，来缩短与先进企业之间的差距，并在此基础上构筑企业在行业内的领先地位，提升企业的竞争力。

需要注意的是，一些企业因自主开发产品或IP设计所需要的成本较高、所需周期较长，故而选择了直接剽窃其他企业的成果，快速地为本企业谋划短期利益。这种行为不仅侵犯技术专利，还会导致企业声誉受损，使企业无法长久存在于行业市场上。简言之，企业经营者们切忌为了获得蝇头小利而丢失了商业信誉。

3. 自主创造专利，不因短期利益而做出侵权之举

在很多行业中都存在这样的一种现象：一家努力从事创新研发的企业背后，常常跟随着一群妄图不劳而获的复制者。更有甚者，一些配套企业还会把品牌的产品细节信息向与自己有合作关系的仿制品生产企业泄露。此后，仿制品企业便以略低的品质和悬殊的市场销售价格，快速席卷低端产品市场，大肆蚕食着原本属于创新先行企业的市场利润空间。

仿制品企业付出的仿制成本非常低，但获得的利润非常可观，而被模仿的企业打击假货和维护自身知识产权的难度相对较大。按照当下的法律规定，企业只能起诉那些自己发现的侵犯知识产权的生产者，这意味着企业只能起诉那些摆上台面的少数仿制品进行维权，而无法打击所有侵权者。

面对这种现象，很多企业对知识产权开发缺少热情，在创新创造能力和专利成果质量方面自然也就呈现不太乐观的状态。

1993年,好孩子已经成为国内童车行业的销量冠军,年销售额达1.1亿元。由于好孩子的产品在市场上销售得非常火爆,好孩子成为同行业竞争者争先模仿的对象,各种仿制品很快抢占了不少市场份额……好孩子集团遇到了一次巨大的经营危机。

但是,好孩子集团总裁宋郑并不甘心被打败。他说:"我不相信自己会被仿冒者逼死。仿冒者仿造第一代,我就开发出第二代、第三代,让仿冒者们永远跟在我后面!"他成立了新品部,并带领团队深耕研发,其产品所具有的复杂工艺和严苛质量标准让仿造者望而却步,最终打造起了一道牢固的技术壁垒。

目前,好孩子公司已经拥有8000多项专利,连续五届获得德国"红点设计大奖",累计参与70余项美国标准修订、1项欧洲标准修订,产品畅销78个国家和地区。2017年,国际标准化组织(ISO)宣布,批准中国企业好孩子成立ISO/PC 310儿童乘用车项目委员会联合秘书处,领导ISO成员国的行业专家制定儿童乘用车的国际标准。2019年,好孩子在艾媒金榜(iiMedia Ranking)发布的《2019中国婴儿车市场品牌排行榜》《2019儿童餐具新消费品牌榜TOP10》两个榜单中皆位列第一。

宋郑还认为,好孩子之所以能够在市场竞争中获得超强竞争力和发展主动权,并在海内外披荆斩棘、取得骄人的经营业绩,恰恰是因为其重视知识产权的开发与维护。

换个角度来说,被抄袭、被盗版未必完全是坏事。从好孩子被抄袭这件事来看，当很多盗版企业在抄袭好孩子的产品时，好孩子一度在市场上不好过，但这激励它持续研发、突破，达到了其他同行业者难以企及的技术高度，在行业内打造了一道牢固的技术壁垒，进而长期占据领头羊的位置。当然，这也是好孩子令人敬佩的企业文化与品质之一。

关注专利分享的尺度，实施系统性的IP保护措施

理想的知识产权保护，既要对自己的知识产权进行强力而有效的维护，也要不侵犯他人的知识产权。具体表现为：不随意抄袭他人的文化创意，在法律允许范围内借鉴文化、知识和创新；同时，对自己的知识产权做好保护，从而保障本企业的创新成果和市场竞争力。

1. 优化企业专利管理，做好 IP 专利授权的决策

企业进行专利管理时，要做好相关信息的系统收集，查看同类的或相关的专利文献资料。专利文献主要包括专利说明书、专利公报、专利文摘、专利索引、专利分类等方面。通过对这些文献资料的分析，企业要仔细确认自己和其他企业进行自主技术研发的难度系数，评判自己的实际能力，权衡某种对待专利的态度可能给企业带来的利弊之处，而后作出对应的决策。这一决策主要面向三个方面：一是"是否需要购买他人的专利"，二是"是否考虑售出自己的专利"，三是"是否考虑申请专利"。

决策1：企业是否需要购买他人的专利

企业自主研发技术和产品，可以为企业打造核心竞争力。而为了缩减研发进程和周期，企业也可以选择向其他企业直接购买专利，使企业以更快的速度进入更为高端的市场领域内，迅速捕捉市场机会。

2016年,浙江某产区发现河北某产区的一款车存在侵权的嫌疑,双方并未立刻诉诸法律,而是由产区行业协会出面协调。最终,双方通过特许经营的形式达成了和解:河北产区每生产一台车便给专利持有者提取一定的费用。双方对这个和解协议都表示满意。

这也就是说,专利技术是可以购买、交易的,而且即便已经发生了侵权行为,双方也可以重新确认交易。当然,这种做法并不被支持,更合理合法的做法是通过正常的渠道,提前进行专利购买的商谈和交易确认,而后再开始产品研发与上市售卖。

决策2:企业是否考虑售出自己的专利

对于专利持有者,他既可以通过专利交易获得一些利益,也可以选择拒绝交易。于是,便出现了这样一种情况:企业查询到了相关专利后,因专利持有者拒绝此项交易,故而只能亲自去研发类似的技术。而专利持有者可以在其他企业尚未获得这项技术支持的期间,占据市场发展优势和抢先获得更大的市场份额。

比如,好孩子自主研发的高速安全座椅,其核心专利是吸能技术。通过应用这项专利技术,好孩子将汽车行驶标准直接提高到了时速70公里以上。而对同行业标准的50公里时速限制,好孩子的产品技术具有明显优势。

这一专利技术便属于企业在技术方面打造的核心竞争力。截至目前,好孩子集团尚未就其专利技术进行售卖和交易。因而，国内数千家生产制造安全座椅的企业中，已经有一部分企业选择开发新型吸能技术，但这必须经过一段时间的探索才能实现。而对于好孩子集团来说，利用好这段时间去抢占市场领域优势，这是专利管理时需考虑的重要因素。

决策3：企业是否考虑申请专利

申请专利本身意味着要公开自己的专利内容，并且专利申请后其受到保护的时间和区域都是受到一定限制的。

乐高特有的"凸起管（stud-and-tube）"的专利期是从1958年到1983年。而从1983年专利到期之后，市场上很快充斥了大量的仿制品。2003年，乐高的市场销售量达到了历史上的最低点。更令乐高雪上加霜的是，乐高积木的最知名仿制者——美高（一个加拿大品牌）于2006年向欧盟商标局提出，这种颗粒积木不应成为任意一家企业的专利产品，最后欧盟商标局判美高胜诉。美高仿制出的积木产品虽然在颜色、设计、耐用性上略逊于乐高的积木产品，但是其市场销售价格定位在乐高价格的一半以下。而此时由于失去了专利的保护，这些低端仿制的积木产品并不算侵权。

随后，乐高通过众多IP来抵御其他仿制者的盗版行为，还开发了很多充满创意的玩法。当然，乐高本身对产品的高质量追求（比如颗粒的手感），也把那些仿制品甩开了一段不小的距离。通过这些举措，乐高逐渐夺回了自己的市场份额。

各企业必须重视专利的有效期。一般来说，发明专利的有效期是自申请日起20年，实用新型和外观专利的有效期则是自申请日起10年；一旦过了这个时间期限，专利将被公开，被业界从业者们无偿使用。

也就是说，企业在判断是否需要申请专利时，可以先确认自己的技术是否容易被抄袭。如果答案是否定的——不容易被抄袭，且企业的技术保密程度很高，那么企业可以选择不申请专利。

可口可乐从1923年起畅销至今，从未针对其配方申请过专利。可口可乐公司的说法是："目前，这个配方被保存在亚特兰大一家银行的保险箱内，保险箱的钥匙由三个人来保管。这三个人都与公司签订了保密协议。而且，公司还要求这三个人不能同时乘坐一架飞机，以避免出现意外。"可口可乐的配方也因此被人们称为"世界上最大的秘密"。

简言之，如果企业认为自己的专利保密度非常高，绝对不会被泄露，那么它可以选择不公开自己的专利，不采取申请专利保护的动作，这样对企业来说反而是一种更有利的选择。

2. 鼓励自主创造专利，采取系统性的专利保护举措

在自主创造专利和IP传播的过程中，企业经营者们要特别注意以下两个方面的问题，并采取有效的专利保护举措。

（1）聘请或组建机构，采取系统的专利保护措施

部分企业把包括专利在内的知识产权视为核心竞争力，将企业对知识产权的保护工作上升到企业战略发展的高度，甚至将其纳入企业的制度规范维护与日常经营管理之中，极大地提高了企业在知识产权创造、运用、保护和管理等方面的水平。

好孩子集团从成立之初，逐步建立和完善了知识产权管理制度。该企业先后制定了《专利申报与管理制度》《商标管理制度》等规章制度，将知识产权的保护举措贯穿并融合在该企业的日常管理工作之中。作为首批全国企事业知识产权示范单位，该企业主要从两大方面来推进对知识产权的保护工作。

一是设立法务部门。1997年10月，好孩子集团成立了法律事务办公室，专门负责该集团的知识产权保护工作。一旦发现侵权行为，该法务部门会从市场侦查、取证、证据保全、立案、诉讼、执行各个环节，全面推进维权行动，积极维权。在此后的10年里，该法务部门立案的知识产权侵权案件达127件，法院判决和调解赔偿金额多达3000万元。

二是建立预警机制。好孩子集团主要通过以下5种手段进行预警：利用现代网络营销渠道、巡视各地同类产品批发市场、广泛收集同行业产品信息、利用销售网络实施终端监控、关注专利海关保护。

必须承认，专利保护是需要企业投入一定资源的。企业可以根据自己的经济实力，选择最适合的专利保护方式。对于大多数企业来说，最经济的做法是：与可信赖的机构合作，让专业的人处理专业的事。如果企业的经济条件允许，还可以在企业内组建专门的专利维护部门。

（2）积累经验，防患未然，创设系统性的专利保护模式

在中国加入WTO之前，一些富有行业经验的外国企业纷纷到中国申请了大批专利，如一度出现过DVD专利费之争。实际上，这清晰地呈现了一个非常现实的问题：中国企业缺少一定的知识产权保护意识，国内又缺少一批具有实际应用性的产业标准，故而中国企业很容易遭受外国企业的压

文化红利

榨和剿杀。

中国企业研发和生产出的产品如果要进入国际市场，那么这些产品必须满足国际认可的技术标准。而支持这些标准的是抢先申请专利技术的企业。在这一点上，外国企业比中国本土企业具有天然优势。

1999年，6C专利联盟（包括日立、松下、JVC、三菱、东芝、时代华纳）宣布了关于"DVD专利联合许可的声明"，该声明要求世界上所有生产DVD的厂商都要先向它们申请"专利许可"，并为其专利使用而付费。

在此后的两年中，6C与中国电子音像协会进行了多达9次谈判，最后达成专利使用协议。而关于专利使用费的数值，也经常以各种理由被更改和追加。从一开始的每台DVD支付4美元专利使用费，到最后每台支付高达16—19美元的专利费，大量中国厂商因此受到极大冲击，甚至于许多尚在萌芽状态中的国产品牌因此逐渐消失。

这段经历是中国制造企业的一次难以回忆的伤痛。此后，中国企业开始申请自己的专利，但是因经验不足，仍然导致中国企业在专利保护上表现不力。比如，中国企业针对一项发明往往只申请一个专利，而外国企业却会申请一组专利（比如发明专利、实用新型专利、外观专利，配方、设备、工艺、商标都会被申请专利），这导致很多中国企业频繁踩到雷区。

此外，对于计划进军海外市场的中国企业，外国企业还会预先布局以便后续围剿，比如它们会通过抢注商标的形式进行布局。当一些中国企业刚刚开始拓展海外市场时，这些外国企业常常会有计划地抢注中国企业可能会使用的商标，申请商标专利。而一旦中国产品在某一国家具有一定市场占有率时，这些专利持有者便迅速入场，获取高额的商标权赔偿。而对于中国企业拼命打下来的市场和客户，商标持有者不费吹灰之力便接手了过去。

2017年8月31日，国家工商总局商标局紧急发布海外商标抢注的预警：近期，有120余家中国玩具企业的厂名及商标被外籍商人在智利工业产权局抢先注册。

众所周知，商标注册遵循"申请在先"原则，也就是说"谁最先申请，谁就可以获得这个商标"。而外籍商人此次抢注商标，表面上看除了存在注册费与转让费之间的利润差这一经济因素，还存在影响中国制造产品出口海外的战略防御布局部署的极大可能性。

因此，对于任何行业的从业者来说，都必须以正确的态度去看待海外市场拓展的壁垒问题，在知识产权管理的各个方面都做好系统的准备工作。比如，认识商标、专利保护的国别限制，产品出口到其他国家就要申请该国的商标或专利保护；又比如，对知识产权的布局要先于商业经营的布局；再比如，企业要进行长远考量，提前做好企业发展规划——既可以选择支出成本高、耗费时间长的自主研发方式，也可以选择相对快捷的购买或与他人合作的途径；等等。当然，企业也可以两种方式同时推进，未雨绸缪，避免专利持有者不再授权时企业处于被动地位。

3. 强化自我产权保护意识，善用法律武器进行自我保护

当然，企业除了做到自身"不去抄袭他人"之外，也要努力提升自身的知识产权保护意识，并且敢于和善于运用法律武器保护自己的知识产权。

在实践中,有一些企业是不敢在打造IP以及产品开发等方面投入过多资源的,它们担心自己苦心研发的成果日后轻易地被其他企业抄袭、复制。而且,企业的投入支出与最终回报之间如果连平衡状态都不能实现,那么便会导致企业丧失竞争力。所以,企业必须努力采取有效的知识产权保护措施,使自己的知识产权被保护到位、不被侵犯。

2018年底,华为公司在全球累积授权专利数量为87805件,其中美国授权专利数量为11152件。根据世界知识产权组织发布的数据,2018年华为向该机构提交了5405份专利申请,在全球所有企业中位列第一。可以说,华为在通信领域已经拥有了这个行业最具价值的知识产权组合。而知识产权申请又使得华为的创新行为在业界内获得了法律保障,避免了其研发出的专利被竞争对手不正当地使用,同时为华为带来了更大的竞争力。

2007年,某知名企业侵犯了格力基于"睡眠技术"的发明专利,抄袭了"睡梦宝""睡美人"等系列产品。格力总裁董明珠决定拿起法律武器来捍卫企业的知识产权。当时,有人劝董明珠放弃诉讼:"即便赢了官司也得不到多少赔偿,而搭上的时间、人力和物力成本却不可估量,打专利官司是一件得不偿失的事。"董明珠回答道:"有一次我的钱包被偷,打电话报案。我问警察,有用吗?警察说也许找不回来,但是如果人人都不报警,不是更加纵容这种行为吗?"四年后,格力胜诉,以实际行动维护了自己的知识产权。

事实上,知识产权保护是需要政府、社会和企业共同努力的。从政府和社会角度来说，政府和社会要构建起一个完善的企业知识产权网络，及时通过网络途径对侵犯知识产权的行为加以遏止，并加大对知识产权侵犯行为的预警管理和及时惩罚。而对于企业来说，自己的已有专利要尽可能地及时申请专利保护，也要坚持"我的知识产权是不容侵犯的"严肃的态度，坚决捍卫自己的知识产权。

第七章
面向全世界,实现全球化语境下的跨文化传播

　　跨文化传播是指身处不同文化背景下的社会群体之间开展的人际交往与信息传播活动。同时,跨文化传播涉及多种文化要素在全球社会群体中进行迁移、持续扩散、变化、再发展的过程,以及不同的文化对不同群体、文化、国家乃至人类共同体所形成不同的影响。跨文化传播将更好地传播国家形象,与全世界各国各地之间搭建起彼此交流与合作的桥梁。同时使文化影响到更大的受众群体,其带来的自然是更为丰厚的文化影响力红利。

萃取文化精髓,向世界呈现大国传统文化的风采

根据孙英春的《跨文化传播学》所述,跨文化传播关联两个层次的传播:一个层次是人类文化交往层面的跨文化传播,主要指不同文化之间的交往与互动以及由此带来的文化融合、发展与变迁;另一个层次是日常生活层面的跨文化传播,主要指处于不同文化背景下的社会成员在日常交往互动中的融合、矛盾、冲突与解决方式。

1. 打造符合国家发展的形象,建立和谐的国际关系

从国家角度来说,进行跨文化传播时,可以选择一种独特的方式,在国际舞台上建构适合自己的国家形象,使这个形象符合国家持续发展的现实需求,而不是被其他国家肆意践踏或建构。

中国历史上出现过的丝绸之路、玄奘取经、郑和下西洋等,都堪称"中国文化传播的典范事件"。近年来,中国提出的"一带一路"倡议,更是给全人类的跨文化传播提供了更大的空间和更新颖的实践路径。比如,目前"一带一路"已经覆盖了中亚、南亚、西亚等地区,涉及的官方语言多达40余种。而且"一带一路"所倡议并提出的"民心相通"、"人类命运

共同体"、"利益共同体"等诸多理念的践行都需要文化主体具有跨文化传播精神。这些理念所传播和覆盖之处，基本形成了基本的文化共识。这也向我们呈现了一个跨文化传播的重点：人类社会需要共同思考"如何通过跨文化对话来认知和构建全人类的共同世界"，需要坚持不同文化之间的平等交流和充分对话。

跨文化传播既是一种非常古老而久远的人类历史文化现象，也是现代人仍然持续沿袭的生活方式和生存技能。而要想强化中国文化的传播效果，提高中国文化在世界范围内的影响力，则需要跨文化传播者具有一定的专业能力，需要传播内容具有足够的吸引力，而传播媒介也应是众人共同参与的媒介。此外，跨文化传播者必须认识到：唯有进行正向的、积极的跨文化传播，尊重世界民族文化的丰富多样性，才可能实现不同国家或民族之间的文化融合，进而在世界范围内形成一个文化共同体。

通过跨文化传播来塑造国家形象，这并不简单取决于我们做哪些事情以及如何表达这个过程、结果和影响，以此来改变世界话语体系；而更应该包括一个由内而外的意识和行动的改变过程。也就是说，应该抛弃宣传者主体意识和宣传意识，秉承双方对话意识和传播意识，这才是跨文化传播的重要实践路径之一。

2. 改变过去的宣传意识，选择有意识的文化传播模式

在过去，很多国家、组织、企业、机构在充当传播者角色、进行跨文化形象传播的时候，常常会采用与付费渠道合作、播放大型文化宣传片的方式。由于这种文化传播方式带有较强的"改变对方主体意识"的色彩，所以往往导致对方不乐意接受，甚至表现出强烈的抗拒、抵制情绪。

文化红利

要想改变这种情况,传播者不宜以"改变受众的态度"为直接、明确的动机,而要改变"宣传意识",以"传播意识"取而代之。具体而言,传播者可以更有效地提炼自身文化的吸引力、自身文明的凝聚力、社会制度的比较优势,以此使异域公众在潜移默化之下逐渐接受传播者所传递出的文化。

2011年1月,《中国国家形象片——人物篇》在美国纽约时报广场播出,引发了国内外热议。这是中国政府进行对外传播和建构中国形象的一种主动性行为,向世界传达中国的"友谊"。对于当时的中国而言,这是一次突破性的文化传播活动。而真正取得实实在在的文化传播作用的,当属一些国际型社会活动的举办。2008年在北京举办的奥运会,2010年在上海举办的世博会……这些面向全世界的具体的社会实践行为活动承载着中国传统文化的深厚内涵,以政府和人民群众为主导的力量,成功搭建起了中国与世界之间沟通的文化桥梁。

90后美食视频主播李子柒在其原创视频中,以独特的东方气质和古色古香的生活,不断地吸引着同样热爱中国文化的海外粉丝朋友。2018年,李子柒的原创短视频在海外运营3个月后获得YouTube银牌奖,粉丝数量迅速超过100万,被国外网友称为"来自东方的神秘力量",法媒称赞"她的作品给大家带来了一股清新的空气"。2020年,李子柒在YouTube上的粉丝量已经超过1000万,是第一位在YouTube平台上粉丝量达到千万级别的中国创作者。从李子柒的案例我们可以看出,美食和传统文化是可以突破国别、种族、语言限制的。如果受众所面对的是非常优质的内容,那么他们往往表现出非常高的接受度。

可以说，中国政府、民间组织和文化个体已经呈现蓬勃的文化"传播"意识，以多元的传播主体、多样化的传播方式、丰富的传播内容，向世界呈现了一个有着博大厚重的历史文化且爱好和平的大国形象，影响着世界民众对中国文化形象的认识与评价。

事实上，当人们能够以传播意识取代过去的宣传意识、主动探索新的文化呈现与传播方式时，必然会更加生动地传递中国传统文化的深刻内涵，逾越世界文化差异所造成的巨大鸿沟。

3. 改变以传播者中心的状态，打造双方对话的状态

"文化传播"一词本身带有"对话""沟通"之意。而只有在双向互动的状态中，"文化传播"的真正意义才能得以确立并实现共享。要想将文化传播变成一种在共享、沟通与对话行为的前提下审视中国形象的跨文化传播行为，那么实现从以传者为中心的传播方式到互为主体的传播方式的转化，则是一种最为有效的选择。

过去，人们以传播者为中心进行宣传，这种理念刻意强调了传播者的主动性、设计性和操纵性，往往忽略传播对象的能动表达，最终导致一种"强者有理"的传播逻辑。但是，在以交往主体间的"平等对话"为目标的国家形象跨文化传播实践中，文化传播不再局限于"对话"本身，它依然需要以强大的硬实力为支撑。

（1）积极地跨文化传播，实现多种文化的共生

跨文化传播的终极目标并不是自主塑造国家形象，而是实现多种文化的共生。在长期的跨文化叙事过程中，中国基本上是一个"沉默的他者"角色，被视为一个可以被西方任意陈述和阐释的对象，这导致中国形象在

很长时间里都未能真实地呈现在国际舞台上。近些年来，中国开始化身为积极的文化传播者，以期建立不同国家和民族间平等的对话规则，最终实现多种文化价值观的共生。

（2）互为中心，重视传播主体的平等性

在以传播者为中心的理念指导下，跨文化传播往往会更重视对受众群体的操纵能力、对传播符号的驾驭能力，以及本国在经济、文化、军事等方面的对外输出能力，如此便会忽视了在跨文化传播过程中的各主体之间的平等地位。

而中国在跨文化传播的实践中，主要强调从"以播者为中心"的思维转化为"多方互为中心"的思维。例如，中国提出"和平崛起"的概念，主要强调的是中国在世界舞台中所处的地位和角色身份，而"中国梦"的概念是以互相平等的姿态去勾勒全世界的版图，促使所有的国家和民族都能欣赏彼此不同的精彩所在。

（3）以硬实力支撑对话状态的实现

中国在近些年来推出的"一带一路"倡议，非常好地体现了一种以"提升硬实力"为基础的平等对话意识、友好合作意识和多方共赢意识。当然，这些积极作为的出现，并不意味着中国要在全球化的背景下，去拥抱以少数发达国家为主导的全球化，而是在努力打造一个新的世界秩序和新的话语体系，通过人类命运共同体的建构，使各个国家和民族之间能够实现真正的平等和真正的对话。

4. 探求不同的传播途径，推进国家形象的跨文化传播

在文化传播过程中可供选择的路径是多元的，但并非每一种路径都具有普适性。为了确保文化传播的有效性，我们必须选择或设计合理的传播路径。

我们知道，国家与国家之间文化不同，自我认知与他国评价也有所区别。这就要求我们在文化形象塑造与跨文化传播的过程中，能够主动探求一种足以打破空间区隔的合理路径，以实现对不同文化观念、多种文化观念之间的有效调和。举例来说，这种跨文化传播的路径可以是公共外交等集体参与式的形象传播路径，比如，以奥运会、世博会为代表的重大媒介事件路径，以孔子学院为代表的文化教育传承路径等。这些路径都具有非常强的针对性和非常广泛的应用性。

当然，我们也要摒弃对单一形态的传播路径的依赖，综合考虑不同路径在跨文化传播中的组合运用策略，增加传播路径的丰富性和多样性，进而提升跨文化传播的综合效果。

当然，文化传播的路径也是多变的。也许，某种文化传播途径在过去是适用的，但是在新时代变化的影响下，则可能需要重新考察和审视其适应性。比如，从技术形态及文化变迁的角度来审视，确认在当前时代背景下，文化受众的接受渠道是否发生改变。如果大多数文化受众已经不再从这一渠道中获取信息，那么就需要探索新的传播途径。

评估不同文化的异同点,提高跨文化传播的可接受度

跨文化传播的一个重点是确认不同地域文化之间的异同之处,采取有效措施以实现与本土文化的有效融合,而后选择最恰当的文化传播方式,使不同区域之间的跨文化传播更容易被更多群体接受。

1. 发现本土文化的特征,突出自身之于异域文化的影响

跨文化传播的本质,并不是强调本土文化的异质性,也不是以自己的优势去消解异域文化中的个性化元素,否则很可能导致跨文化传播变相成为文化相对主义或者霸权主义。

事实上,在跨文化传播过程中,宜秉承求同存异的思想,去看待不同地域之间所存在的文化差异点。当然,要想使其他国家和地域真正对本国、本地域或本民族的文化产生"文化认同"感,这并不是一件容易的事情。为了从自身文化的角度,去打造文化认同感,我们可以从以下角度来推动跨文化的传播。

(1)培育文化自信

树立起自身的文化认同感,即以中国传统文化的精神内核,去培育本民族的文化自信。这种自信并不是来自爱国心或民族观,而是在复杂多样的世界文化中,保持自身文化的独立性,通过对自身文化的定义、历史发

展与传承、价值观念的变化与革新，来确立和完善对自我文化的界定，而后形成有内涵、有高度的文化自信。

（2）自主定义"自文化"

自文化与他文化是一组相对的概念，强调的是本国文化与其他国家文化、本民族文化与其他民族文化之间存在一定的差异。中国学术界应多做系统思考和创新研究，竭尽所能地取得对本国文化的定义权、命名权和阐释权。在此过程中，我们并不曲意迎合西方学术界的思维，也不倡导以自我为中心的文化观念，而应以不同民族伦理和情感为底线，坚持"和而不同"的态度去与不同国家、民族以文化为内容进行友好对话，以审慎的论述模式来加强对方的文化认同感。

（3）在异域空间中传递文化

那些走出国门的民众在异域空间中呈现为一种"行动者"的身份与角色。这部分群体可以在直接进入异域空间与情境、感受不同的生活体验的过程中，传播那些被世人普遍接受和认可的自文化观念。从这个角度来说，强化普通民众的自我学习、教育和提升综合素质，同样也是提高文化认同感的一条有效途径。

2. 摒弃对异域文化的傲慢与偏见，培育对文化的理性认识

文化是软性的也是最有韧性的。而且，文化往往带着其本身固有的一种"傲慢"与"偏见"，甚至有一种"唯我独尊"之感。这是因为，文化能够扎根于人心之中，对大大小小的群体形成极为深刻的影响。

在如今这个倡导合作互通的时代，文化应当呈现一种"你中有我，我中有你"的糅合状态。每一个主体（无论是国家、区域还是民族）都应当在固执中保持开放，在坚守中呈现包容，放下其"傲慢"与"偏见"的不良姿态，积极地融入世界文化的大发展中。

只有与时俱进，以积极主动的姿态，持续而深入地了解异域文化的特征，一视同仁、平等和谐地对待各国文明，才能真正萃取到人类文明中最优秀的文化成果，由此实现不同国家、地域、民族之间的共融同存、取长补短与持续进步。我国推出孔子学院项目，实际上便是一种主动融入世界的行为。这是在向不同文化表达一种最基本的尊重，也是推动人类文明持续发展的必由之路。

3. 基于人类的共同命运，打造一致的跨文化认同感

人类的命运是共通的。比如，人们对日常生活的热爱，以及经历岁月洗礼之后的淡然……这些都是足以令全世界所有人有所触动的情感点。我们也可以通过这样一种方式，将关乎人类共同命运的自文化在全世界范围传递。像中国文化元素的创意叙事，便是选择了这样一种方式，使得中国传统文化围绕人们共同价值观在全球进行传播。

"中国梦"是2012年由习近平总书记正式提出的。这是中国面向世界的叙事话语，将中国与世界、国家和人民紧密联系在一起，共同构筑一个命运共同体。同时，"中国梦是追求和平的梦，是追求幸福的梦，是奉献世界的梦"。换言之，"中国梦"从"追求和平""追求幸福"和"奉献世界"这三个维度，呈现了中国尊重并倡导的多文化之间"和而不同"的世界交往原则，由此获得了中国文化对异域公众的特殊吸引力。

概括地说，跨文化传播在观念和实践上要着力于主体对于非同质文化的接受程度，而后打造趋于一致的文化认同感。

（1）正义与勇敢：京剧动画传播中的跨文化认同实践

2018年3月，动画片《京剧猫》在东南亚爆红。这部动画片以国粹京剧为核心内容，生动地刻画了一个热血励志的故事：一只普通的猫通过团结猫群，对抗邪恶势力，从而拯救了"猫土"。

这部动画片将一只不带任何宗教色彩的猫作为文化符号的主体。通过这种方式，有意识地避开了文化差异可能带来的思想误解。而且，作为一种国际化程度极高的文化语言，动画片为中国文化创造了一种新型宣传方式，为中国文化对外传播开拓了一种不同于以往的操作路径。更重要的是，这部动画片借助京剧形成，表达了正义、勇敢与成长等充满正能量的价值观，很容易触动身处不同文化背景下的观众，使他们形成一致的情感体验和文化共鸣。

该动画片面向马来西亚的观众播放之后，迅速刷新了该时段的收视纪录——其收视率竟然高达1.9。马来西亚的网友对这部动画片所传递出的价值观表达了极高的认可度。在该动画片播出时，网友们在Facebook和Twitter等社交平台上自发性地建立了讨论话题，高度评价了该片内容的质量水平，表达了对该片的喜爱之情和支持态度。

该片的成功主要依赖两个因素。第一是将京剧文化与作为人类朋友的猫进行了创新组合，将非物质形态的京剧文化灵活嫁接到了一个极为生动的动物表象上，点燃观众进行观看的热情与冲动。第二是成功提炼人类文化共通的价值维度，正义、勇敢等价值观的持续传递令文化之间传播的障碍大大减少。

另外，马来西亚是典型的多元文化国家，这部京剧动画片的走红，也说明此类文化创新活动与行为在马来西亚有着广阔的发展前景。

（2）爱情与奉献：中式爱情的世界传播实践

2018年3月，一部讲述中国爱情故事的回忆录式绘本《平如美棠：我俩的故事》（以下简称《平如美棠》）的西班牙文版，首次出现在了西班牙的各大书店里。同年5月，该书的英文版和北美版也上市了。该绘本中描述的中式爱情故事，用不同的语种和表达形式，与西班牙、英国、美国、法国、韩国等9个国家和地区的读者朋友进行了一场世界性的对话与交流。

这部绘本以中国人日常生活的精细化场景作为切入点，展现了夫妻在家庭生活中的彼此陪伴与互相奉献，描绘了一个"最平凡也最能打动人的爱情故事，对全球读者都具有普适性"。而作为讲述中国式爱情的绘本，"这本书除了是一本人生回忆录，还是一本关于20世纪中国历史、中国传统文化的图书"，也向各国读者生动地展现了中国家庭常见的看似琐碎实则温馨的生活场景。

这部绘本将语言和图像相结合，由此形成跨文化传播与交流的媒介。作者说："图像作为超越语言的一种'全球性'语法"，它打破了文化界限，更易于不同文化背景下的读者去深度理解。与此同时，针对每一位译者关于绘本内容的小疑问，作者也非常认真地进行了解答。他认为，"仔细说明这些需要加注才能让西方读者准确理解的'生活细节'"，可以使译者在充分理解绘本所表达的内容之后再进行更为精准的翻译，从而解决了文学作品在翻译与推介过程中可能存在的文化隔阂与误读等问题，尽可能确保不同文化背景的读者朋友都能很好地读懂绘本。

可以说，绘本作为一种新的文学表现形式，通过简明的文字和图片的视觉美感相结合的形式，可以给广大读者的情感世界带来非常大的触动甚至是冲击。《平如美棠》中描绘的爱情和对家庭的奉献，不仅仅是中国式的爱情观和家庭观，实际上也是世界上很多家庭和个体对爱情与家庭表现出的观念认同与情感共鸣。

（3）女性自主与独立：国产剧出海的性别文化共鸣实践

2018年，中国古装电视剧《扶摇》和《延禧攻略》先后在海外市场播出，并创造了良好的口碑效应和非常不错的收视率。2018年6月18日，《扶摇》在国内开始热映。随后，该片便通过互联网和各国电视台，以12种语言向多个国家和地区的网友进行播放。2018年7月，《延禧攻略》在国内播出。同年12月12日，该电视剧在谷歌的年度全球热搜电视剧集榜单上登顶。

过去，中国古装剧往往因文化差异，只能在地缘亲近的国家进行传播。然而，这两部剧却走向了美洲、非洲、欧洲等更远的区域和国家。

截至2018年7月21日，《扶摇》在美国亚洲剧播放平台Dramafever上的评分为4.8分（满分5分），在新加坡知名网站Viki上的评分高达9.7分（满分10分）。该剧在巴基斯坦也大受欢迎，主流媒体《巴基斯坦日报》专门发文报道其火热程度。

曾经有报道专门引用了国外网友对该影片的高度评价："So far I like it!! Hope it keeps up the good pace. Really like that the coloring isn't too bright and I think overall the special effects have been pretty good. Really like the fighting scenes and the costumes. Acting seems pretty good so far."（我真的太喜欢《扶摇》了！！希望它能继续精彩下去！真的喜欢它的色调，不是很亮，整个的特效真的不错。真的喜欢它的武打效果、服饰，到目前为止，演员演得也挺好。）

为什么这两部电视剧取得了如此好的传播效果呢？主要出于两个方面

原因。

第一个原因是，这两部电视剧都是建立在宏大历史背景下，通过古朴大气的画面和精致考究的构图打造"中国质感"，由此引发了国内外观众的极高兴趣。像《延禧攻略》，特别将具有中国特色的非物质文化遗产元素运用至服饰、道具、场景之中，这是吸引海外观众的一个重要原因。

第二个原因是，两部电视剧都从女性视角切入，生动地刻画了小人物努力奋斗成长的轨迹，传递出女性追求独立、自主、进步的意识，通过不断地奋斗来确立自我身份，具有非常强大的现实隐喻性，由此引发了海内外观众的情感共鸣。

简言之，这两部剧是将难以复制的中国文化与女性文化的当代价值进行了有机融合，将中国古代文化元素（建筑、美食、服饰、色调、文学等）转化为传递女性精神的外在承载介质。这种高品质的文化呈现模式是中国古装剧"出海"后能够取得超出预期的传播效果的根本原因所在。

从上述三组案例来看，它们之所以能够实现成功传播，主要是基于以下两方面原因：一方面，这三组案例中所讲述的故事，都是具有国际表达能力且符合世界共通价值概念的中国故事。而且，它们能够基于当下的时代背景和互联网用户的现实需求，对话语体系与话语模式进行调整与创新。另一方面，在这些作品的内容上，都是选择一个具有共同意义的价值主题，探索一种能够呈现中华传统文化精髓和独一无二的表现形式的传播路径，从而促进身处不同文化背景下的个体产生共鸣。

可以说，成功的跨文化传播案例大多具有这样的特征：在具有共通意义的空间里，对文化话语进行调整与创新，实现过去与现在、自文化与他文化的高质量融合。

以文化承载品牌，推进高端文化品牌国际化进程

从企业角度来说，文化是品牌的精神核心与重要支柱。品牌输出必须借助文化这个载体，才能面向全世界，形成八方辐射的效应，从而进一步影响全球消费者，真正占领其心智资源。如今，企业已经进入市场化国际环境的高端博弈阶段，而基于文化软实力的竞争在很大程度上决定着企业品牌国际化的胜与败。

1. 以文化承载品牌，在国际化时代的高端博弈中制胜

企业品牌国际化不仅是一种经济行为，更是一种文化行为。在如今的经济时代，"能否最终占领消费者的心智资源"已经被视为"决定企业品牌建设成功与否"的关键要素。尤其在产品同质化的今天，品牌文化已经成为塑造品牌核心竞争力的关键影响因素之一。

一般而言，唯有优秀的、具有深厚底蕴的品牌文化，才能使消费者在购买产品时得到某种心理满足，使消费者体验到品牌带来的消费乐趣；才能在价值观念上与消费者建立稳定的关系和进行有效的沟通，营造独有的企业文化氛围，使消费者的品牌忠诚度得以提高，进而形成相对持久的品牌生命力。中华民族5000多年的文明史源远流长，而古老的东方文化所具有的神秘感则长久、深沉地吸引着各国人民的视线。如果企业能深挖和提

炼品牌的文化内涵，让企业品牌与其他国际品牌相比具有独一无二的特质和认知优势，那么，当品牌文化能够被国际市场上的广大消费者广泛认知并深度接受时，产品营销工作的开展与营销业绩目标的达成自然也就水到渠成了。

在对品牌和文化进行全面推广的过程中，有一个非常重要、非常值得关注的现象，即"原产地效益"。在日常生活中，很多产品购买者会根据原产地形象，对企业品牌和产品进行初步评价。即便两种产品在质量和价格上并没有什么差别，购买者们也往往会因为对某一个城市、某一个地区、某一个国家的"特产""原产"形成一种莫名的偏爱，从而在主观上形成一种"原产地"的认识效益。比如，日本的电器，法国的酒、香水，中国的瓷器等，这些产品类型都会因原产地效益而在企业产品营销之前早早地占据了全球消费者的消费心智。对广大消费者来说，产品本身传承着的历史和文化信息的价值，要远远大于产品本身的成本和使用价值。在可能与其他"非原产地"的同类产品进行比较时，消费者先入为主的"原产地"观念往往更容易构成他们的购买偏好。

2. 依托城市文化品牌符号，强化企业品牌的识别度

在经济与文化发展已然全球化的今天，拥有国际影响力的中心城市与世界级品牌企业一起，日益成为彰显国家竞争力的两个重要方面。这种具有影响力的国家往往在经济竞争力方面较为强大，并且非常重视人文环境与文化传播等软实力的打造与提升。

在中国企业品牌的国际化发展进程中，所谓的"世界级城市"常常发挥着非比寻常的作用——它们在功能到影响的各个方面都发挥了强大的综合能力。如果从全球体系来看，中国到目前为止暂且没有能够进入世界级最具影响力的中心城市，即使是上海、香港等经济相对繁荣的城市，也仅仅是在一定区域内具有较强影响力的城市。也就是说，我们目前仍然缺少世界级的总体城市格局。这可能也是中国企业品牌打造世界影响力过程中所缺失的一个环节和有利因素。然而，一些世界名城却已经或正在告诉我们"世界级城市的力量到底能发挥到何种程度"。

阿联酋的迪拜从一处名不见经传的渔村，发展成为一座令全世界瞩目的机会之城，这个过程只用了30年的时间。如今，迪拜拥有世界第一家七星级酒店，全球最大的购物中心、室内滑雪场和人工港，中东地区的贸易、金融、商业、旅游和货物运输中心，全世界最壮观的超大客机航队，连比尔·盖茨都赞叹不已的网络城。很多人因迪拜之繁荣与世界化而称之为"新纽约"。

事实上，一座城市拥有对应的支柱产业，往往会成为这个城市的品牌支撑。如果城市管理者认识到蕴含其间的一些规律，便可以更充分地丰富和深化本城市品牌的内涵，使城市品牌文化建设达到事半功倍的效果。另外，一座城市的品牌文化也会为与该城市关联的企业品牌进行背书，进而形成品牌联动效应。

蒙牛集团和伊利集团非常注重自身品牌和企业文化的传播。这两家企业主动提出了"中国乳都呼和浩特"的品牌名称。呼和浩特原本是中国的一座内陆城市，影响力并不太大。但是，这两个品牌极力地以自己的产业贡献和品牌去传播呼和浩特作为中国乳都的城市品牌。在这样的品牌文化彰显过程中，不仅为企业品牌制造了"原产地效应"，成功打造出城市标签，还极大地丰富了两家企业的品牌文化内涵。

在中国企业品牌文化的全球化传播过程中，输出的不应该只是模糊、笼统的大中华文化——因为，开放的中国需要呈现给世界以更清晰、更细致、更多元的符号。

3. 系统认知世界文化，推进企业品牌的国际化进程

总体来说，企业品牌的建设应该是由客户来主导。但凡成功的品牌，其管理皆是从客户的视角出发，再去追求品牌盈利的能力。为了摆脱日益严重的同质化经营所引发的市场竞争问题，企业应该先明确品牌在客户认知中独特的价值点，打造具有竞争力的产品和服务，然后通过企业内化管理和强化外部传播，使客户形成对产品和服务价值的认知。

放眼全球市场，客户（或消费者）的地域性差异是非常明显的。身处不同地区的客户（或消费者），其消费理念和习惯是大不相同的。比如，美国人追求"创新"，日本人偏好"精致"，法国人钟情"时尚"，德国人重视"严谨"。所以，在中国企业文化寻求世界消费者的认知与认同的过程中，也需要中国企业主动认知世界的不同文化，进行差异化的品牌传播。

不论处于哪个时期，优质的媒体广告大多是获得客户（或消费者）认同和打开客户（或消费者）消费心智的桥梁。但是，仅仅凭借一次"中国制造"的广告尝试，并不能确保中国企业在品牌国际化过程中获得来自世界市场的认同。

事实上，推进品牌建设的每一个步骤都不容忽视。而文化是企业品牌建设过程中的核心精神支柱，更是影响不同品牌参与世界营销效果、决定市场竞争成败的重要影响因素。我们已经可以非常清楚地看到：如今，越来越多的企业正在努力融入市场化国际环境中，企业之间的高端博弈阶段已然开始。而围绕文化软实力展开激烈竞争，将成为推动中国企业品牌国际化的关键点。

重视本国与世界的文化遗产,充分释放文化红利

各类文化遗产是释放和发展文化红利的基点。各国、各地政府、各组织机构应围绕当地的文化遗产类型与内容,充分发挥当地的各类资源优势,以"保护与利用同等重视"为原则,使这些宝贵的文化遗产带动当地的文化生态建设与经济持续发展。

1. 认识非物质文化遗产的脆弱性,实施系统化的保护与传承

根据联合国教科文组织的《保护非物质文化遗产公约》的定义,非物质文化遗产指被各群体、团体,有时为个人所视为其文化遗产的各种实践、表演、表现形式、知识体系和技能及其有关的工具、实物、工艺品和文化场所。公约所定义的"非物质文化遗产"包括以下方面:(1)口头传统和表现形式,包括作为非物质文化遗产媒介的语言;(2)表演艺术;(3)社会实践、仪式、节庆活动;(4)有关自然界和宇宙的知识和实践;(5)传统手工艺。

根据《中华人民共和国非物质文化遗产法》规定,非物质文化遗产是指各族人民世代相传并视为其文化遗产组成部分的各种传统文化表现形式,以及与传统文化表现形式相关的实物和场所。这里所指的"非物质文化遗产"主要包括以下内容:(1)传统口头文学以及作为其载体的语

言；（2）传统美术、书法、音乐、舞蹈、戏剧、曲艺和杂技；（3）传统技艺、医药和历法；（4）传统礼仪、节庆等民俗；（5）传统体育和游艺；（6）其他非物质文化遗产。凡属于非物质文化遗产组成部分的实物、场所或被判断为"文物"的，皆适用于《中华人民共和国文物保护法》的有关规定。

当然，非物质文化遗产是非常脆弱的。任何事物都存在从生成、成长、延续到最终消失的过程，非物质文化遗产也存在这样的动态发展过程。目前，对待非物质文化遗产，很多人士抱持着"保护"的态度。而事实上，如果非物质文化遗产失去了其原有的生存土壤和社会环境，便会丧失足够的生命力，很难持续发展下去。如果需要后来人借助外力才去传承非物质文化遗产，而不是出于一种自主、自觉和热爱的情感，那么，所谓的"保护之举"很可能仅仅是对非物质文化遗产的一种"临终关怀"而已。

如今，很多组织和社会群体都在努力使代代相传的非物质文化遗产得到持续的传承和与时俱进的创新，由此来保障中国传统文化的多样性，并激发人们的文化创造力。他们也在此过程中获得了一种历史文化认同感。

2. 系统发掘世界文化遗产，重视遗产中蕴含的历史文化

世界文化遗产是一项由联合国发起、由联合国教育科学文化组织负责执行的国际公约建制，旨在高质量地保存对全世界人类都具有杰出价值、普遍性价值的自然环境或文化处所。

截至2019年7月，中国有55项世界文化和自然遗产被列入《世界遗产名录》之中。其中，世界文化遗产有37项，世界文化与自然双重遗产有4项，世界自然遗产有14项，在世界遗产名录国家排名中位列第一。

在对各类文化遗产进行系统保护的过程中，各地区组织部门应发挥本土（本区域）的文化资源优势，通过一系列产业发展举措和商业运作机制，使遗产所在地的经济发展潜力得到充分释放、人类生存环境得到保护、居民工作生活水平得到不断提升，从而真正地将优质的文化资源转化为滋养当地持续发展的红利。

3. 激发文化遗产的活力，释放文化遗产的能量与红利

保护文化遗产并激发文化遗产的活力，其实质是保护那些优秀的复合生态系统，延续文化生成与发展过程中所形成的自然环境与人文环境，最终实现文化、社会、生态和经济的可持续发展。具体地说，充分利用好文化遗产，可以发挥积极的作用。

（1）让文化遗产"活"起来，推动当地经济的发展

推动对文化遗产合理、适度的利用，让文化遗产真正"活"起来并"火"起来，这对于促进当地市场经济的发展具有非常重要的意义。

以中国于2005年6月被列入首批"全球重要农业文化遗产"的浙江青田稻鱼共生系统为例，青田县通过对传统农耕生产方式、稻鱼共生系统、"青田鱼灯"民俗活动，以及各种自然景观的保护与利用，全面带动了休闲农业与观光农业的创新式发展。更重要的是，其打造出的有机无公害的稻鱼共生产业得到了大范围推广，消费者对青田稻鱼米和青田田鱼的市场认可度也越来越高。近年来，青田稻鱼共生系统这一品牌每年都给当地带来2亿元以上的总产值，极大地促进了当地农民收入的快速增长。

在各国实践中，文化遗产资源中的很大一部分具有自然生态环境独特、民俗文化多种多样、人文景观丰富多彩等典型特征。如果当地政府和民众

能够重视这部分文化遗产资源的经济价值开发并予以足够保护，那么将极大地推动文化遗产的传承和当地经济的发展。

（2）规范文化遗产保护机制，保障文化得以传承

在文化遗产保护过程中，要突出"保护为重、活态传承、平衡利益、发展民生"理念，明确文化遗产保护的范围。对划定或确立为文化遗产保护区的遗产地，除了给予必要的资金支持，还应针对保护、开发、评价、监督、检查和评估等方面制定相应的标准，以科学的手段督促和规范文化遗产的保护工作。

此外，还要划定遗产开发与利用的"红线"和禁区，从制度上杜绝为发展地方经济而对遗产区生态和文化造成破坏性开发的可能，提高民众传承文化的自觉意识，进一步激发传统文化的活力因子。

总体而言，文化遗产是一项系统的工程，而非一个单一的项目，其保护对象涵盖了人文景观、生活方式、文化习俗等多种类型。各地区要做到因地制宜，充分利用文化遗产所关联的资源优势，将文化遗产有度且有效地纳入当地经济发展考量因素之中，坚持"保护与利用并重"的原则和态度，使文化遗产能够呈现更加顽强的生命力，并充分释放其红利效应。

第八章
捕捉文化传播契机，全面提升文化影响力

文化传播是需要把握契机的。如果我们能够抓住机会，从恰当的视角切入，捕捉到事件与自身文化契合的方面，去更好地呈现自身文化的精华内容，那么必然能够取得更理想的文化传播效果。与此同时，也需要探索文化的商业化运作之路，强力提升中国文化在世界范围内的影响力，这是文化红利转化的重点。

把握文化传播的时机，找准文化传播的最佳机会点

对于文化主体来说，每时每刻都需要考虑一个问题：如何让文化传播的效果更好？事实上，除了在日常生产与生活中自然而然地传播文化之外，危机事件有时也可以成为文化传播的契机。

1. 有效应对危机，快速捕捉文化传播的契机

可以说，危机公关是一种特别的文化传播机会。如果要提企业的公关事件，最经典的莫过于张瑞敏怒砸冰箱了。

1985年，张瑞敏的朋友想在海尔买一台冰箱。结果，他的朋友发现海尔的很多冰箱都存在质量问题，最后只好勉为其难地选择了其中一台。这件事给张瑞敏带来了很大的触动。他突击检查了工厂的所有仓库，在抽取的400台冰箱中竟有76台不是合格品。

张瑞敏将所有员工都召集到车间，询问大家对此事的意见和态度。当时，一台冰箱的价格并不低，因此员工们提出了这样的意见：将这部分冰箱低价处理，主要卖给工厂内部的优秀员工，或者经常去海尔集团进行商品检查工作的政府工作人员。

然而，张瑞敏非常严肃地表达了自己的观点："如果便宜处理，低价卖

给你们。那么，就如同对大家说'以后还可以生产这样带缺陷的冰箱，今天是 76 台，明天就可以是 760 台，7600 台……'"最终，张瑞敏决定：将这 76 台冰箱全部砸掉，而且谁负责的冰箱就由谁来砸。随后，张瑞敏抡起大锤，亲手砸了第一下。

在砸冰箱的过程中，很多员工都流下了眼泪。这些眼泪不仅仅是在痛惜冰箱被砸掉，也是海尔上下在告别过去的低质量生产，自此走上追求高质量生产的道路。

在砸冰箱事件之后的一个多月里，张瑞敏发起并主持了一个又一个会议。他们在会议上讨论的主题非常集中，就是"如何从我做起，提高产品质量"。从此，海尔在质量兴企的文化氛围里一路向前狂奔，最终为海尔产品贴上"高质量"的标签。

后来，张瑞敏在回忆砸冰箱事件时说："长久以来，我们有一个荒唐的观念，就是把产品分为一等品、二等品、三等品，还有等外品，好东西卖给外国人，劣等品出口转内销自己用。难道我们天生就比外国人贱，只配用残次品？这种观念助长了我们的自卑、懒惰和不负责任感。"他还说："只有砸得心里流血，才能长点记性。自砸冰箱后，海尔的产品不再分等级，合格品就是合格品，有缺陷的产品就是废品。"海尔通过砸冰箱，不仅获得了媒体的广泛传播，被同行业者、文化传媒业界引为研究与学习的对象，而且成为经典案例，企业也树立起"注重企业管理、注重产品质量"的高大形象。

所以，危机是传播企业文化最好的手段之一——因为当抽象的道理变成具象的事件时，其文化传播产生的震撼力自然也是大大不同的。

2. 敢于表达自己的声音，向民众传递强大的文化自信

不管任何一个国家，还是一个组织或企业，它们的文化软实力基本取决于其核心价值观念所具有的感召力。每一个文化传播的主体，要充分肯定自身文化的价值所在，并对其文化生命力保持坚定的信心。同时，要敢于表达自己的声音，主动传递自己独特的文化内涵，了解文化的传承，感受文化的魅力。

正所谓："文以化人，文以载道。"文化传播主体必须让文化理念走出地理区域之限制，让文化能够主动为自己说话，使其成为各种语种人群、不同地域、民族和国家进行和平交往和有效沟通的载体。比如，在展现中国传统文化风采的同时，更要呈现"愿意同全世界人民和睦相处、和谐发展，共谋和平、共护和平、共享和平"的文化理念，营造良好的发展氛围。

当然，"欲人勿疑，必先自信"。只有对自己的文化保持坚定的信心，才能鼓起从容果敢与积极进取的勇气与斗志，激发出创意、创新与创造的激情与活力。只有明确表达自己的声音，向民众传递强大的文化自信，才能为实现国家自信、组织自信、企业自信提供更强大、更持久的力量。

救助危难，和平友善，彰显阔达的格局和情怀

危难之时往往是最考验人心善恶的时刻，也是传递文化、践行文化与验证文化真实性的时刻。作为文化传播的主体，要特别重视这样的关口——切忌"自扫门前雪"，而要不畏外部条件的艰难险阻冲到第一线，或者以多样化的举措，行慈善之举，播撒善意的种子。在这个过程中，往往会打造出一个让"文化"获得举世瞩目的高光时刻。

1. 面对危急时刻，敢于迎难而上，迅速做出反应

在灾难来临的时候，谁冲锋在最前面，担当起保卫与维护的重任，那么他必然会被人们深深记住。而在这个过程中，更彰显文化的本质和真实。

华为公司的文化是"以奋斗者为本，长期艰苦奋斗"。在很多危急时刻，华为人赶往现场的速度比客户还快，他们勇敢果断、突破各种艰难险阻维护和抢救设备，全力保障当地通信的畅通无碍。

2011年，百年不遇的洪灾席卷了半个泰国，当时多达数百万人受灾，客户方的许多员工因自己的住房被洪水所淹，不得不返家采取救灾措施。华为公司作为泰国最大的通信设备和服务供应商，选择了与客户一起战斗，风雨同舟。此次洪灾导致各大运营商的站点和机房都遭受严重的损失，通

文化红利

信一度受阻。

而华为的泰国地区部在洪灾发生后，迅速组建了防洪应急指挥组，并在第一时间向各客户高层递交了网络保障建议书。同时，华为公司建立了值守保障机制，以求保障所负责网络区域的安全。对于已经出现通信中断的站点，华为公司及时安排人员进行割接和机房搬迁。华为在泰国驻扎的所有工作人员都在积极保护机房，他们筑起的围墙也随着洪水的持续上涨而越来越高。

华为公司的合作伙伴运营商TRUE，最初并未主动提出救援要求。然而，华为公司以积极的态度主动要求进驻场地，并在机房附近抢修围墙。华为代表处一边安排人员值守机房，一边妥善安排人员随时待命，以快速处理突发事件。事后运营商TRUE的COO特意发来了感谢信。

负责AIS网络保障的工程师在接到客户的紧急求助电话之后，连夜驱车，在半夜时分抵达数百公里以外的目的地。工程师们抵达现场后发现，机房附近的积水已经深达1米，在没有船只的情况下，工程师们冒险涉水30分钟才到达机房所在位置。同时，工程师们争分夺秒地组织机房和设备搬迁工作，保障了该地区40多万用户的通信正常与通信安全。

关于救灾工作，任正非认为不需要特意宣传，绝不能用企业应承担的社会责任去代替企业的正常形象。他说："抗震救灾、资助教育……这些东西在华为人报或外部媒体上发个花絮就可以了。"任正非想要强调的是：为客户服务是华为的天职，救灾工作也属于自己的本职工作内容。

在每一次灾难来临时，无论是华为的团队还是个人，他们都自觉担负着一种社会责任，不惧怕，不退缩，勇往直前。

第八章 捕捉文化传播契机，全面提升文化影响力

2011年3月11日，日本东北部海域发生里氏9.0级地震，并引发了海啸。不久，福岛的第一核电站发生了爆炸事故。部分友商立刻撤到大阪地区，部分友商甚至包机前往中国香港。然而，华为驻日本代表处工作人员却依然坚守在自己的岗位上。后来，华为董事长孙亚芳亲自到华为驻日本代表处进行慰问。客户对此感到非常吃惊，感叹道："别的服务商都紧跑慢跑地走掉了，没想到华为公司的董事长竟然还亲自来现场慰问！"

无论是在亚洲，还是在非洲，都可以看到华为人在各业务区里全力保障通信顺畅的身影。2014年7月，埃博拉病毒在塞拉利昂出现。该国A运营商全网使用的是某友商设备。8月下旬，该友商的两名运维工程师因内心惶恐不安，选择了不辞而别。8月底，该友商的非洲驻守人员全部撤离。

客户方CEO对此非常不满，于是致电华为公司在该国该地的代表处负责人，让其搬迁友商的全部设备。9月初，客户方CEO说服了董事会，最后由华为公司在二期扩容工程中负责全网搬迁。这位CEO只要见到华为公司的代表人员，第一句话就会非常惊讶又惊喜："你怎么还在？我以为你走了！"

事实上，在接下来埃博拉疫情暴发的数月里，只要客户有需求，华为代表处、地区部项目组、运营商解决方案、企业网解决方案、技术服务等方面的人就会立即前去处理到位。有坚守，就会有回报。同年10月，华为公司成功签下该国某项目；11月，又签下了另一个运营商的首个设备订单，并由此建立了良好的合作关系。

事实上，文化的影响力是通过一点一滴的积累逐步形成的，甚至有的

时候企业也会借助这些关键事件而实现影响力的提升。在各种危急时刻，华为人不畏艰险的精神风貌，与客户共同进退并快速响应其需求的现实行为，无不佐证着华为一直宣导的企业文化内核。而恰恰是企业文化的有力传递与充分彰显，使得华为最终赢得了客户的信任之心与合作机会。

2. 传递善意和温暖，主动提供多方面的援助与支持

当然，文化传递的内容不仅仅是诸如企业自身追求的核心文化，还可以是互助、善意和温暖。在平时的安宁岁月里，有"授人以渔"式的精准扶贫等举措；在各类大灾大难到来之时，有无偿的物资方面（现金、食物以及救援物资等）的捐赠与帮扶。

在2008年汶川地震发生之后，日本政府向中国提供了大约10亿日元的紧急援助，折合成人民币大概6600万元。此外，一些日本企业（如松下电器、佳能、日立集团等）也向中国伸出了援手。2017年，日本发生特大地震。中国政府在前期提供3000万元人道主义救灾物资和1万吨汽油、1万吨柴油（折合1.54亿元人民币）的紧急无偿援助后，各企业和各界人士又通过中国红十字会陆续向日本红十字会提供了超过2600万元的人道援助，帮助日本进行地震救援和灾后重建。

中华民族是一个崇尚和平友善、投桃报李、格局阔达的民族。中国政府、中国企业以及各类机构的善意与温暖之举，不仅投放给国内民众，也投放给了国外需要帮助的群体。对于曾经给予过帮助的国家、地区或企业组织，中国政府以及社会各界必有对应的回馈，总会从不同的角度倾尽全力地提供各种支持，贡献自己的力量，正所谓："投我以桃，报之以琼瑶。"

如今，中国的慈善事业正在随着中国经济的蓬勃发展而逐步增多，同时传递着中国的文化、中国企业文化乃至各类文化中积极向上的力量，比如互助、友善、和谐、共赢。

把握文化发展特征,探索文化的商业化运作之路

文化不仅能够带来思想认知上的交流与互通,还能形成潜在的经济价值。随着经济的发展而推广的文化,或者说,为了经济发展而传播的文化,其所附加的经济价值自然更大。

1. 捕捉文化发展的趋势,捕捉获取文化红利的机会

时至今日,文化发展呈现一系列典型特征,主要表现为文化多样化、文化消费化、文化娱乐化、文化全球化、文化产业化等。

(1)文化多样化

不同的群体和社会的文化表现形式是各不相同的。而且,这些差异化的表现形式在社会内部及群体之间得以传承下来。文化多样性体现为:人类文化遗产在表达、弘扬和传承过程中选择了丰富的表达方式,在艺术创造、生产、传播、销售和消费的过程中使用多种多样的呈现方式。

从文化特征上来说,文化的多样化也使之兼有差异化、个性化的特征。这是人类文化的独特魅力所在,也是人类文明持续发展的直接表现之一。

(2)文化消费化

文化消费化是指文化产品或服务日益成为人们用以满足精神需求的一种方式。比如,很多人愿意通过付费方式去参加文化教育、文化娱乐、体

育健身、旅游观光等，从而获得研究、娱乐等类型的文化内容，或者获得实实在在的工作技能。

在实践中，文化消费的内容是非常广泛的。它不仅包括对文化产品的直接消费，比如购买图书、杂志、软件、电影电视节目等，还包括对文化消费工具或设施的消费，比如购买电脑、手机、照相机作为文化获取的载体，以及去图书馆、博物馆、电影院、话剧院等地点，借助这些设施来获得某些文化内容和文化体验——这些往往需要通过付费形式获得。

（3）文化娱乐化

文化具有娱情悦性的功能。什么是正常的文化娱乐？比如，在中国诗词大会里，选手们的"飞花令"令人感到心旷神怡，这属于正常状态的文化娱乐化。但是，我们也要警惕在文化商业化浪潮助推下产生的"泛娱乐化"现象。

所谓"泛娱乐化"是指将娱乐性作为衡量文化产品价值多寡的第一法则，比如篡改经典、调侃英雄行为、戏谑严肃事件等，这些都属于文化泛娱乐化的典型。泛娱乐化现象所带来的社会影响是负面的、不可忽视的。

因此，我们要坚决抵制"泛娱乐化"的文化产品、"三俗"（低俗、庸俗、媚俗）的文化产品，要努力开发高质量的文化产品，既具备娱乐属性又能做到深度启迪人之心智，提升人们的文化获得感、幸福感，引领社会向着更好的方向发展。

（4）文化全球化

随着互联网通信技术的发展，人们在全球范围的文化交流更加方便，各文化主体要想实现自身的经济利益，则需要减少不同地区之间人们对文化的误读，使交流对象（文化之他者）能够认同各自文化所传递的内容。

因为，只有人们认同了这种文化，才会对这种文化附属的产品产生消费欲望和消费行为，从而形成对应的红利效应。比如，国人接纳了美国的快餐文化之后，才开始接受和消费美国的快餐食品，肯德基、麦当劳才得以在中国餐饮市场取得一席之地。

可以这样理解：先有文化为经济冲锋在前，而后经济为文化持续发展注入新的动力。从这个角度来说，如果能够在文化全球化中占据先机，那么就相当于在未来的商业竞争中掌握一定的主动权。

（5）文化产业化

文化产业化是指以产业机制来发展文化，使文化产品和服务在市场中实现社会效益和经济效益的最佳组合。文化产业化可以使文化从精神财富转化为物质财富，是把文化产业培育成为经济增长点和支柱产业的重要途径。

在实践中，文化产业化主要是指把文化要素作为主要经营对象，将文化资源进行系统规整与有效创新，进行规范化、标准化、产业化的运作，以实现经济效益最大化的目标。值得注意的是，为了满足社会需求，文化的产业化需要借助商业力量去推动的。

2. 面向广阔的全球市场，把握文化的商业运作要素

近年来，中国积极利用自身的文化优势，加大对外文化传播的力度，积极探寻"以文化产业传播中华传统文化"的世界发展之路。在此过程中，各企业、组织以及个体不单单积极参与政府主导的各类世界文化交流活动，还着力于借助商业运作模式，使文化产品顺利进入市场运作渠道，进一步提高文化传播效果和商业价值。

为了推进中国文化在全球市场的商业化运作，我们要特别注意：重视

文化产品中的中外链接,培养一批跨文化商人,对文化产品实施品牌战略,打造绿色通道、文化输出与贸易平台,鼓励多种资本类型参与文化的商业运作过程当中。

(1)重视文化产品中的中外链接

要想真正实现"向世界传播中华优秀文化"的效果,除了优选中国文化中的精华部分之外,还要系统研究国际文化,尊重国外受众群体的欣赏习惯和审美情趣;并且,要用他们听得懂的语言和方式,来讲述中国故事,积极输出适合国外受众群体品位需求的文化项目,提高文化受众的接受度。

(2)打造文化产品与品牌战略

在文化产品输出方面,我们应着力打造一大批文化精品,形成系统的产品序列,打造文化产品输出的规模效应。同时,以这些优质的文化产品承载中国文化理念,使中华文化产品在面向受众时产生独特而强大的思想冲击力。

(3)培养一批高素质的"跨文化商人"

这批"跨文化商人"应具有深厚的中外文化修养、宽广的世界视野、跨文化交流的意识和能力。同时,他们也非常熟悉世界市场发展规律,高度重视文化转化的商业价值。这样的人才会将中国文化传播视为己任,并真正致力于文化产品的商业转化实践。

(4)打造绿色通道与文化输出平台

政府和各相关机构应提升服务能力,为"走出去"的文化产品开辟更宽阔的绿色通道;在国际商业贸易法律法规方面加强指导,为文化企业和单位提供足够的资源和智力支持,最大限度地规避中国企业在国外市场上造成不必要的损失。在实践中，还可以考虑打造一个具有国际影响力的中华文化输出平台，开拓文化输出的专业化渠道，形成对文化商品的保护屏障。

（5）鼓励多种资本类型参与文化的商业运作过程当中

鼓励各类民间资本全面参与面向世界的文化商业运作，恰当地选择独资、合资、控股、参股等多种资本管理形式，着力发挥各类资本的独特优势，使之与国家资本形成具有互补性的商业运作效果。这样一来，既可以提升中华文化的国际影响力，又有助于让文化运作形成更好的社会经济效益。

值得注意的是，中华文化商业运作模式目前仍然需要进行统一的布局规划，再加上整体运作资金和前期推广成本耗费较大，这使得很多有志于此的文化企业呈现发展缓慢的状态；此外，由于市场对象调研与开发技术等方面存在一定的局限性，又使得向外输出的文化产品缺少明显的市场优势。这也是值得我们进行深度探索的一个方面。

比如，江苏省与美国林肯表演艺术中心通过友好合作，共同打造了一台中西文化合璧的大型音乐杂技剧——《猴·西游记》。该剧于2013年在林肯中心艺术节上演，随后创造了连续演出27场的纪录。由于运用了与世界接轨的商业运作方式，该剧创造了非常可观的经济收益。

此外，苏州昆剧院还曾以商业演出的形式，将青春版《牡丹亭》"销售"至欧洲各地，打破了中国艺术团体在海外开展商业演出最多的一项纪录。在推动商业运作的过程中，该剧院也成功实现了在世界范围内对中国传统艺术的深度推介。

值得注意的是，中华文化商业运作模式目前仍然需要进行统一的布局、规划，再加上整体运作资金和前期推广成本耗费较大，这使得很多有志于此的文化企业呈现进展缓慢的状态。此外，由于市场对象调研与开发技术等方面存在一定的局限性，又使得向外输出的文化产品缺少明显的市场优势，这也是值得我们进行深度探索的一个方面。

强化中国文化的国际形象,强力提升软实力

目前,中国传统文化或东方文化在国际上的形象,在一定程度上仍然受到西方媒体认知和评价的影响,甚至因后者理解误差或某些特别因素导致中国的国际形象有所失真。长此以往,很可能导致中国文化主体性缺失,继而难以建构起与世界平等对话的话语体系。

在实践中,我们应充分发掘并高质量地呈现"中国制造"产品所承载的文化寓意,在文化分享过程中突出强调中华文化为世界文化体系所输出的价值贡献点,然后在与世界合作的过程中培育中国文化的影响力。

1. 重视产品输出,强化中国制造的文化寓意

在国际市场上,产品是一种传递特定的价值和文化意义的介质,是跨文化传播过程中的话语承载者。而"中国制造"背后隐藏的是在全球化市场中消费者们对中国产品的质量与价格的评价。

在过去很长一段时间里,中国借助劳动密集优势去批量复制"廉价商品",故而他国消费者对"中国制造"商品的评价也往往是"廉价商品",中国也被描绘成"廉价商品的加工厂"。这种肤浅表面化的评价与定位,使"中国制造"错过了"向世界描述中国身份和中国文化"的机会。

因此,中国商品必须以产品属地和保障产品的高质量为基础,丰富产

品所承载的人文内涵。从实践角度来说,"中国制造"要努力"回归中国化",要强化"中国制造"的形象载体和文化使命功能,使"中国制造"能够充当各地文化互动与交流的纽带。在此基础上,要注意开发具有中国身份认同感或中国符号标识的产品,增加产品的创新创意,提高产品的附加值。这也是中国文化产品商业化运作的一个重要方面。

2. 聚焦价值贡献,突出中国为世界发展作出的贡献

随着经济全球化和政治多极化的进一步发展,不同文化圈层中的各具特色的文化也开始呈现全方位的、交互与碰撞的趋势。在这种情势下,我们应积极建构起一种强调文明合作、重视跨文化对话的多元价值格局,清晰地阐释关于"和谐社会、和谐世界"与"科学发展"等理论主张,努力实现中国价值在世界价值体系中的"多元共生"。

简言之,我们在世界范围内进行跨文化传播过程中,必须秉持"世界文化与价值多元化"的基本观念,强调中国在文化、科技、经济等多方面曾经和正在为全世界受众群体创造的贡献和价值。

从"经济人假设"角度来说,人总是对自己能够获得的收益更感兴趣,所以当人们看到中国文化商品或其他载体能够给自己带来的益处时其接受度会更高。而从输出方来说,这也是获得文化红利目标的一个把控要点。

3. 重塑主体地位,培育中国文化在世界的影响力

目前,世界主流文化表现为:以欧美为中心的消费文化在全世界普及。如果我们不能以积极主动的态度向世界发出自己的声音,培育并提高中国主流文化在世界范围内的影响力,那么中国自文化的主体性很可能逐渐衰弱,甚至丧失自身的国际话语权。

比如,近年来我们常常在国际的一些影片或时装服饰上进行宣传,美

其名曰"呈现中国文化元素",但是国人看到这些元素时感到非常陌生。为什么身为中国人,却看不懂国际大片或国际时装所传递出的"中国文化元素"呢?这是因为,中国文化元素在国际化环境中逐渐被欧美文化消解并重构,而未能使中华民族的精神、气质、风格得到深刻诠释和充分体现。

为了改变"中国文化元素仅作为西方文化框架中的原材料"的尴尬局面,我们要最大限度地整合现有的渠道资源优势,切实培育属于中国自己的、具有全球影响力的文化传播主体,保障中国文化主体的独立性。

在中国文化的国际化传播过程中,我们可以选择影视作品、舞台表演、出版物、摄影作品等文化传播形式,同时在这些文化传播形式中将中国文化的内核精神囊括其中,向世界更精准地阐释中国文化中的精华所在,进而强化世界受众群体对中国文化的接受度,提高中国文化在世界范围内的影响力。

总而言之,我们要面向全世界,以更开放的视野,以求同存异的文化格局,让全世界建立起对中国文化友好、认同、接受的整体认知态度,持续强化中国文化的世界影响力,而后自然而然地迎接真正的文化红利时代。

附 录
慈善红利的发展历程

一、2020年7月26日，中国社会科学院社会政策研究中心发布了《慈善蓝皮书：中国慈善发展报告（2020）》。从报告中可以看到中国慈善红利的发展。

2019年是新中国成立七十周年，是全面建成小康社会的关键之年，也是公益慈善释放红利丰厚的一年。面对着复杂多变的国内外形势，我国慈善事业的法治化、专业化和体系化程度得到进一步加强，慈善红利也被世人正式接受。

2019年，民间慈善事业被进一步纳入国家治理体系当中，呈现"治理吸纳慈善"的总体特征，在国家层面、市场层面和社会层面均有表现。慈善开始成为国家整体治理体系的一部分，并为国家治理战略目标服务。国家与社会正逐步形成一种统一、复杂且充满不确定性的双向嵌入关系。以企业为主体的科技向善和商业慈善在质疑中逐渐成为时尚，而企业社会责任和影响力投资成为重要主题。在民间公益慈善空间被政府和商业挤压的状态下，青年人以互联网为基础的公益自组织开始活跃，努力以社会创新的方式解决社会问题。慈善事业因应政府、商业和社会要求而产生不同的话语和实践，慈善红利得到释放。

截至2019年底，全国共有社会组织86.7万个，较2018年增长6.2%。其中社会团体37.2万个，民办非企业单位（社会服务机构）48.7万个，基金会7580个，分别较2018年增长1.64%、9.68%和7.76%。自2016年9月1日至2019年8月31日，全国民政部门等共认定与登记慈善组织5511家，其中1260家慈善组织获得公开募捐资格。在政府认定的募捐方案备案平台上，673家慈善组织的12641个项目进行了公开募捐备案与信息公开，备案慈善信托273单，信托财产规模29.35亿元。依法注册登记在华活动的境外非政府组织代表机构共有524家，备案临时活动2441件。

志愿服务在2019年有质的突破。志愿服务被提升到社会文明进步重要标志的高度，要同国家社会治理现代化以及"两个一百年"奋斗目标同行。2019年，我国实名注册志愿者总数达到1.69亿人，累计志愿服务时间为22.68亿小时，分别较2018年增长13.9%和3.2%。

慈善公益捐赠和社会资源汇集的大数据略有下降。蓝皮书一直将社会捐赠总量、全国志愿服务贡献价值和彩票公益金三者之和设定为全核算社会公益资源总量。根据测算，2019年中国社会公益资源总量为3374亿元，较2018年减少0.97%。其中，2019年社会捐赠总量预测约为1330亿元，志愿者贡献总价值为903.59亿元，彩票公益金募集量为1140.46亿元，分别较2018年增长4.72%、9.7%和-13.18%。2019年上半年，民政部指定的20家互联网公开募捐信息平台为全国1400多家公募慈善组织发布募捐信息1.7万余条，累计获得52.6亿人次的点击、关注和参与，募集善款总额超过18

亿元。2019年"99公益日",爱心网友4800万人次捐出善款17.83亿元,超过2500家企业配捐3.07亿元,总共募得善款24.9亿元。

继续推进多元拓展和跨界融合的慈善实践:社会组织党建工作高质量发展;慈善事业管理部门改革不断深化,新组建了民政部慈善事业和社会工作司并首次设立儿童福利司;慈善事业第三次分配作用更为凸显,在扶贫攻坚、应急救援、爱心助学、医疗救助、社区服务等领域,慈善组织促使资源和财富在不同社会群体间趋向更均衡的微循环;以企业为主体的科技向善和商业慈善方兴未艾,万向集团董事长鲁伟鼎捐资设立鲁冠球万向事业基金,引世人瞩目。

在2019年,中国慈善也背负了难以预料的负累。个人大病求助平台水滴筹、德云社相声演员的百万募捐、一些慈善组织擅自变更项目善款使用对象、公益慈善行业奖项评选公信力等都引发了公众的质疑和争议。此外,尽管2019年慈善组织仍然保持增长态势,但是相比2018年和2017年,无论是基金会、社团还是民办非企业单位,其增速都有明显下滑。

二、《慈善蓝皮书:中国慈善发展报告(2020)》指出——中国慈善事业总体稳中向好,慈善红利发展顺利。

2019年是《中华人民共和国慈善法》实施三周年,虽然面临着诸多挑战,我国慈善事业的法治化、专业化和行业化程度仍然在进一步加强。2019年中国慈善事业的基本面在经济新常态的大环境下依然相对稳定,社会组织总量和慈善捐赠总量持续增长,志愿服务、慈善资产管理和行业建设等领域取得了明显进展。

（一）社会组织总量增长放缓

年增长率均低于2018年（分别为3.10%、11.0%、15.8%）。全国共有社区服务中心2.6万个，社区服务站16.7万个。由于统计口径存在差异，基金会中心网的观测数据显示，截至2019年底，我国基金会总数已达到7938家，高于民政部的统计数据。其中，公募基金会1618家，非公募基金会6320家。公募基金会总数与2018年持平，非公募基金会则较2018年增长17.2%。民政部的统计数据则显示，截至2019年底，全国登记认定的慈善组织总数已超过7500个，较2018年（5285个）增长了四成以上，占到全国社会组织总量的8.65%以上，净资产合计约1600亿元。相关研究数据显示，截至2019年8月底，全国已有1260家慈善组织获得公开募捐资格，673家慈善组织备案了12641个公开募捐方案。社会组织也越来越吸引更多职业社工参与。2019年全国社会工作者职业水平考试报名人数达到55.37万人，较2018年（42.45万人）增长30.44%，创历史新高。

随着《境外非政府组织境内活动管理法》的颁布执行，境外非政府组织2019年在中国的发展也逐渐活跃。境外非政府组织是指在境外合法成立的基金会、社会团体、智库机构等非营利性、非政府的社会组织，其在我国可以在经济、教育、科技、文化、卫生、体育、环保等领域和济困、救灾等方面依法开展有利于公益事业发展的活动，是推动我国慈善事业发展的重要力量。截至2019年底，按照《境外非政府组织境内活动管理法》注册登记在华活动的境外非政府组织代表机构共有524家，备案临时活动2441件。其中，注册登记最多的省市依次为北京165家、上海105家、广东37家、云南28家、四川24家，合计占到全国总量的68.51%。81.11%的境外非政府组织注册登记代表机构的业务主管单位集中在商务、教育、民政、卫生、友协、林业、科技、环境、农业九大系统。主要业务活动集中在商务领域的占比41.98%，其次为教育、民政、卫生领域，占比分别为9.9%、8.4%、6.9%。总体来看，2019年境外非政府组织注册登记代表机构的年增长率逐渐趋于平缓，并且表现出分布地域、业务领域和业务主管单位高度集中的特征。

（二）志愿服务开启新的征程

截至2020年3月16日，我国实名注册志愿者总数达到1.69亿人，志愿团体116.36万个，累计志愿服务时间22.68亿小时。注册志愿者总数较2018年增长13.9%，累计志愿服务时间较2018年增长3.2%。志愿服务活动已覆盖医疗、教育、扶贫、养老、环保、助残、文化、体育和"一带一路"等多个领域，成为新时代凝聚广大人民群众力量、共同实现"两个一百年"奋斗目标、实现中华民族伟大复兴的重要力量。2019年在党和政府的高度重视之下，我国志愿服务事业的发展迈入新时代、开启了新征程。2019年1月17日，国家主席习近平在考察调研天津市和平区新兴街朝阳里社区（全国第一个社区志愿服务组织）时，称赞志愿者是为社会作出贡献的前行者、引领者，强调志愿者事业要同"两个一百年"奋斗目标、同建设社会主义现代化国家同行，指示各级党委和政府要为志愿服务搭建更多平台，更好地发挥志愿服务在社会治理中的积极作用。2019年7月24日，国家主席习近平在《致中国志愿服务联合会第二届会员代表大会的贺信》中再次肯定了新时代志愿服务的重要地位与重大作用，要求各级党委和政府给予志愿服务更多的支持，推进志愿服务制度化和常态化。2019年12月27日，国务院扶贫办首次公示"志愿者扶贫50佳案例"，旨在深入挖掘志愿者扶贫典型。

（三）慈善资源总量略有下降

相关测算数据显示，2019年中国社会公益资源总量为3374亿元，较2018年的3407亿元减少0.97%，而较2017年的3217亿元增长4.88%。其中，2019年社会捐赠总量约为1330亿元，较2018年的1270亿元增长4.72%，较2017年的1526亿元减少12.84%。2019年志愿者贡献总价值为903.59亿元，较2018年的823.64亿元增长了9.7%，较2017年的548亿元增长64.89%。胡润研究院发布的《2019胡润慈善榜》统计了114位中国慈善家的捐赠数据，2019年度捐赠总额为225亿元，较2018年度增长3%；但是平均捐赠额为2亿元，较2018年度下降10%。平均捐赠额占上榜慈善家平均财富的0.4%，较2018年度下降0.1个百分点。在榜单排名方面，万向集团董事长鲁伟鼎捐出其持有的万向三农全部股权，设立鲁冠球三农扶志基金慈善信托，市值49.6亿元，位居榜首；腾讯主要创始人之一陈一丹以35亿元捐赠额排名第二，主要包括捐赠腾讯股票成立慈善信托，市值34亿元；恒大集团董事长许家印以16亿元捐赠额排名第三，主要向其家乡周口市捐赠6.5亿元，向广东扶贫济困日捐赠5亿元等。在捐赠方向方面，教育领域的捐赠人数依然是近五年最多的，占比35%，较2018年度减少6个百分点；扶贫领域的捐赠人数在近五年呈逐年上升态势，以占比29%排名第二，较2018度增加11个百分点；捐赠慈善基金会等公益慈善事业的捐赠人数占比16%排名第三，较2018年度减少2个百分点；医疗领域的捐赠人数以6%排名第四，较2018年度减少7个百分点。

除了慈善家的大额捐赠，彩票公益金和互联网捐赠在2019年依然是国内慈善资源的主要来源。不过，彩票公益金的降幅超过10%。财政部的统计数据显示，2019年彩票公益金募集量为1140.46亿元，比2018年度1313.62亿元减少了173.16亿元，降幅为13.18%，其中福利彩票筹集公益金557.28亿元，体育彩票筹集公益金583.18亿元。2019年上半年，民政部指定的20家互联网公开募捐信息平台为全国1400多家公募慈善组织发布募捐信息1.7万余条，累计获得52.6亿人次的点击、关注和参与，募集善款总额超过18亿元。2019年"99公益日"在筹款额、透明度和覆盖面上再创新高：爱心网友4800万人次通过腾讯公益平台捐出善款17.83亿元，超过2500家企业配捐3.07亿元，加上腾讯公益慈善基金会提供的3.9999亿元配捐，本年度"99公益日"总共募得善款24.9亿元。但与此同时，2019年互联网募捐领域的危机事件频发，民众对建立健全相关监管机制的呼声持续高涨。

（四）慈善资产管理相对保守

2019年1月1日，《慈善组织保值增值投资活动管理暂行办法》正式施行。这对我国慈善资产管理具有重要意义，因而有人将2019年称为"慈善资产管理元年"。相关研究报告显示，我国慈善资产管理普遍存在投资行为保守的现象，2/3以上的基金会只存款不投资，由此可能导致投资业绩不佳。其主要原因包括：慈善组织所有权缺位，导致受托人的定位及其权利义务模糊；在慈善认知和伦理方面，秉持捐款是神圣的而不能承受投资风险的观念；行业内存在慈善组织"投资损失须由理事赔偿"的不实流言；慈善组织投资缺乏信息披露标准和评价标准。

自《中华人民共和国慈善法》颁布以来，慈善信托迅速成为我国慈善事业进行资产管理的重要方式，也成为金融机构和社会公众参与慈善事业的重要渠道。慈善信托数量逐年递增，社会各界积极探索和实践慈善信托。《2019年中国慈善信托发展报告》的相关数据显示，截至2019年12月31日，全国共设立慈善信托119单，较2018年增长37%；信托财产规模9.33亿元，较2018年下降18%；备案慈善信托273单，信托财产规模29.35亿元。2019年在兰州市民政局备案的光信善·昆山慈善信托1号的财产规模达5亿元，成为自《中华人民共和国慈善法》颁布以来我国最大规模的货币资金类慈善信托。慈善信托资金的支持领域已经从医疗、教育、养老、儿童福利、扶贫济困、环境治理等传统慈善领域，逐步拓展到行业支持、公益金融、文化保育、社会企业等新兴慈善领域，以及乡村振兴、航天科技、"一带一路"等国家发展战略。整体来看，2019年我国慈善信托具有单笔规模仍以百万元以下级别居多，千万元级及以上的极少；备案单位集中在东部地区，但西部地区慈善信托发展速度较快；信托期限仍以短期（5年以下）为主；受托人仍以信托公司为主，自然人委托人显著增加等基本特征。

三、社会力量已成为我国应急管理领域重要主体之一，也是慈善红利的一种释放。

社会力量已成为我国应急管理领域重要主体之一，这是我国灾害治理领域的既定事实，这一进程是逐步推进和不断发展的。因此，重要的是转变治理观念，明确新体制下社会力量的主体定位和参与领域，在现有的环境基础上，充分整合、合理引导并高效统筹。总的来讲，宏观层面上，立足公共治理体系的构建和应急管理体系发展，提出社会力量的发展定位、发展目标以及发展原则；中观层面上，对社会力量未来的发展方式和发展路径进行探索，提出构建多层级、多要素以及多维度的社会力量建设发展体系；微观层面上，在系统梳理体系框架基础上，明确可操作的工作任务和工作内容，指导社会力量参与行为和社会力量组织建设。

四、慈善红利又一体现——福布斯发布 2020 中国慈善榜，捐赠总额为 179.1 亿元。

2020 年 7 月 23 日，福布斯发布 2020 中国慈善榜，上榜的 100 位企业家现金捐赠总额为 179.1 亿元，与 2019 年的 191.7 亿元相比，下滑 6.6%。且今年的入围门槛为 1000 万元，低于 2020 年的 1800 万元。回顾近年福布斯中国慈善榜公布的捐赠情况，今年是近五年连续大幅增长后出现的首次下滑。

值得指出的是，福布斯中国慈善榜调查的是中国民营企业家及企业上一年度向公益慈善领域的现金捐款情况。因此，2020 年福布斯慈善榜统计的捐赠总额下降，实际上反映了 2019 年整体经济发展和民营企业营收状况。2019 年，国家统计局公布的 GDP 增长率为 6.1%，为近年来经济增速的新低。贸易摩擦、能源和原材料价格上涨等因素影响，企业的平均利润率、净资产收益率均出现下降。

公益慈善不仅是企业社会责任的重要体现，也是衡量一个社会文明程度的重要指标。慈善事业的发达，离不开经济增长和财富积累，但两者并不是必然的正相关，在世界上很多国家，比如俄罗斯和拉美国家，寡头富豪占据了巨额的社会财富，但并不向社会贫困阶层分享他们的财富。这样的社会是危险的，也是没有希望的。这也是当贫富差距成为一个全球性问题的时候，我们关注福布斯中国慈善榜的意义。

参考书目

1. 徐永光：《公益在左，商业在右》，中信出版社 2017 年版。

2. 何建湘：《企业文化建设实务》，中国人民大学出版社 2019 年版。

3. 肖珺：《跨文化虚拟共同体：连接、信任与认同》，社会科学文献出版社 2016 年版。

4. ［美］乔纳森·弗里德曼：《文化认同与全球化过程》，黄春芳译，北京师范大学出版社 2004 年版。

5. 黄文锋：《企业家精神》，中国人民大学出版社 2017 年版。

6. ［日］稻盛和夫：《企业家精神》，叶瑜译，机械工业出版社 2018 年版。

7. 孙宜学：《中华文化国际传播：途径与方法创新》，同济大学出版社 2016 年版。

8. 单波、刘欣雅：《国家形象与跨文化传播》，社会科学文献出版社 2017 年版。

9. 高德：《超级 IP：互联网时代的跨界营销》，现代出版社 2016 年版。

10. 陈格雷：《超级 IP 孵化原理》，机械工业出版社 2020 年版。

11. 李燕、戴燕著，王维编：《知识付费社群——打造价值型文化生态圈》，中国纺织工业出版社 2020 年版。

12.［美］詹姆斯·W.凯瑞:《作为文化的传播:"媒介与社会"论文集》(修订版),丁未译,中国人民大学出版社 2019 年版。

13.陈春花:《从理念到行为习惯:企业文化管理》,机械工业出版社 2020 年版。

14.陈春花:《企业文化塑造》,机械工业出版社 2016 年版。

15.白长虹、尹孔阳:《创意传播》,《广告大观·综合版》2010 年 1 月刊。

16.冯霞、尹博:《北京奥运文化传播与中国国家形象塑造》,《北京社会科学》2007 年第 4 期。

17.黄旭:《"文化红利"与中国经济未来发展》,《文化产业》2013 年第 6 期。

18.秋白:《600 岁的故宫 IP,是怎么一路火起来的?》,公众号:传播体操。

后 记

闻悉本书即将出版，不胜感慨。这本书从最初的调查研究到中途的设计与写作，以及随后的出版审阅，都是艰辛的过程，也是自我学习的过程。之所以是自我学习的过程，是因为在过去的一段时间里，围绕这本书的研究与写作，我获得了各种各样的帮助，这些帮助包括心智上的点拨、具体写作过程的指导和资料收集论证上的协助。

在这里要特别说明的是，这本书的创作融入了团队的智慧，我们团队中的大部分人都参与了这本书的资料收集分析工作。

在此，对以上人员衷心地表示谢意！

何勇

2021 年 9 月